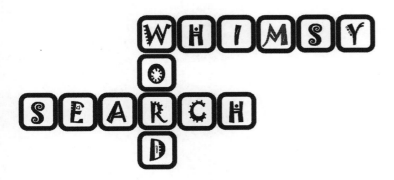

How to use this book:

This is a book for children learning their alphabet and simple words. You will be able to work with your child, by helping them find the letters and color the words.

This book has puzzles with pictograms. Each picture represents a letter. For example: a is an apple. There is a key on the next page.

They can mark through words with a simple line, or let their imaginations color each pictogram. This helps with letter recognition while using their creative side.

For an extra challenge, use an old fashion, turn-the-page dictionary, look up and read together out loud the definitions of each word.

Find the letters, color the words

For more information, search us out at:
www.whimsywordsearch.com
Claire@whimsywordsearch.com

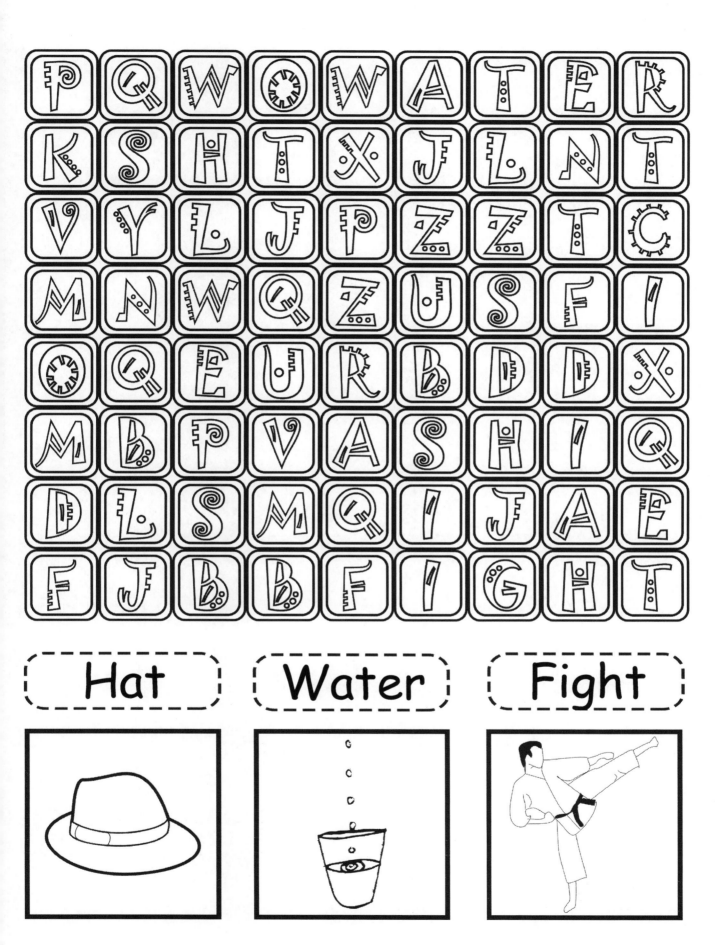

Hat

Water

Fight

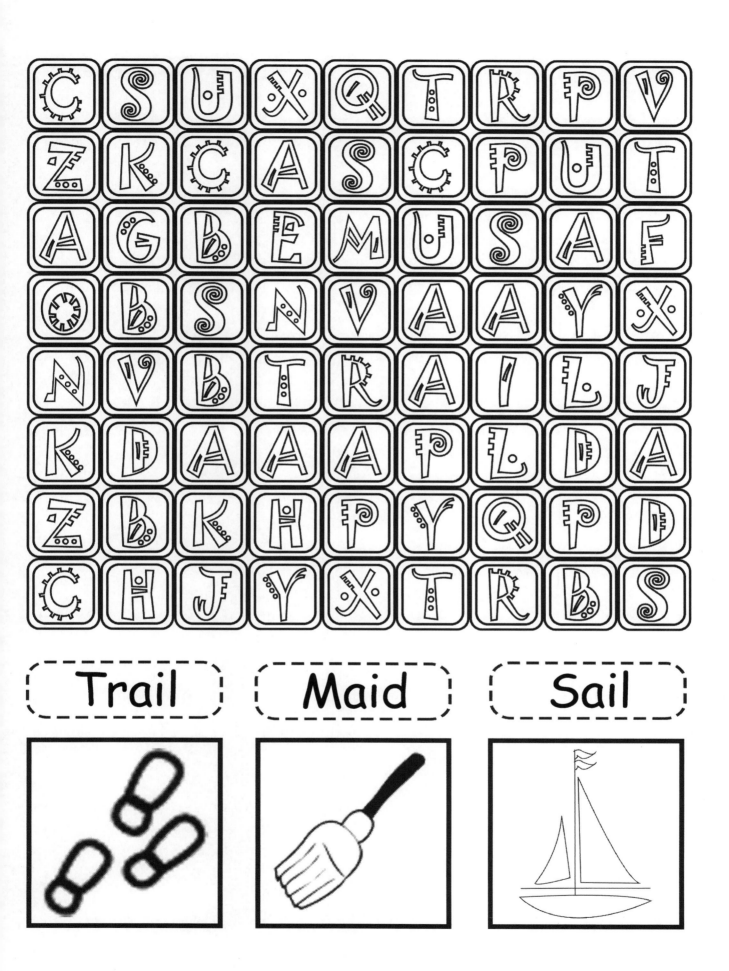

C	S	U	X	Q	T	R	P	V
Z	K	C	A	S	C	P	U	T
A	G	B	E	M	U	S	A	F
O	B	S	N	V	A	A	Y	X
N	V	B	T	R	A	I	L	J
K	D	A	A	A	P	L	D	A
Z	B	K	H	P	Y	Q	P	D
C	H	J	Y	X	T	R	B	S

Trail   Maid   Sail

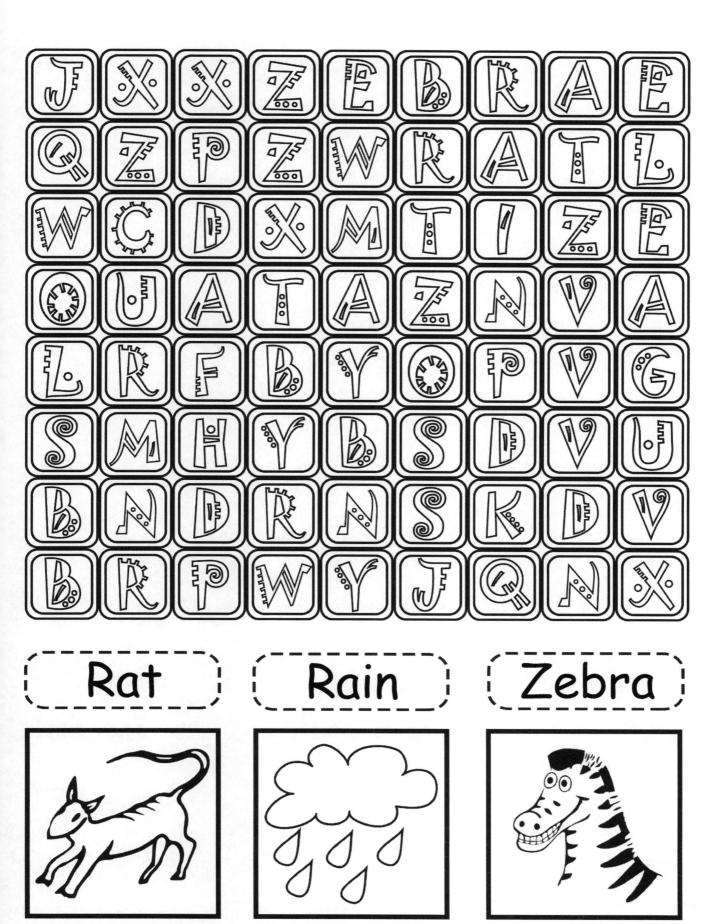

Rat

Rain

Zebra

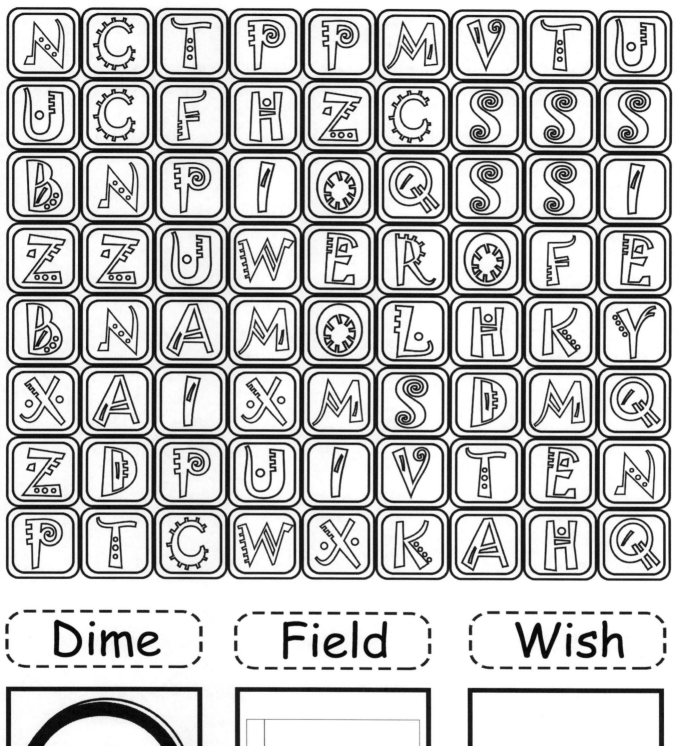

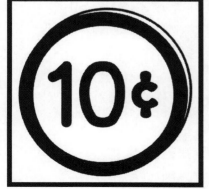
Dime

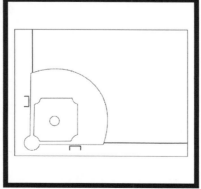
Field

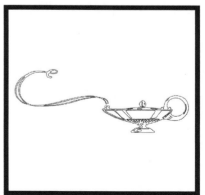
Wish

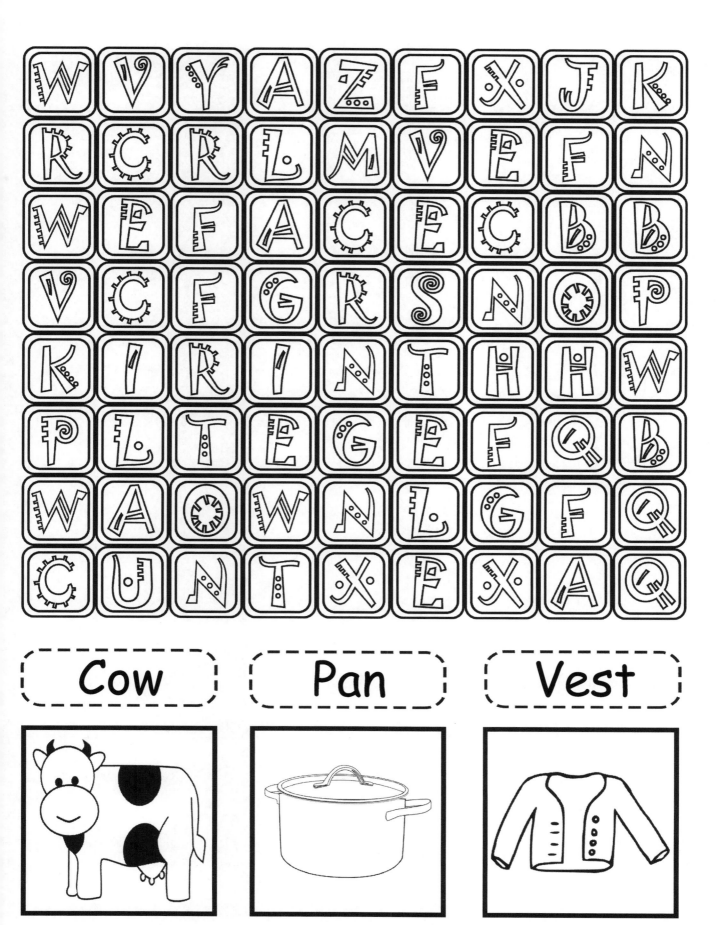

Cow

Pan

Vest

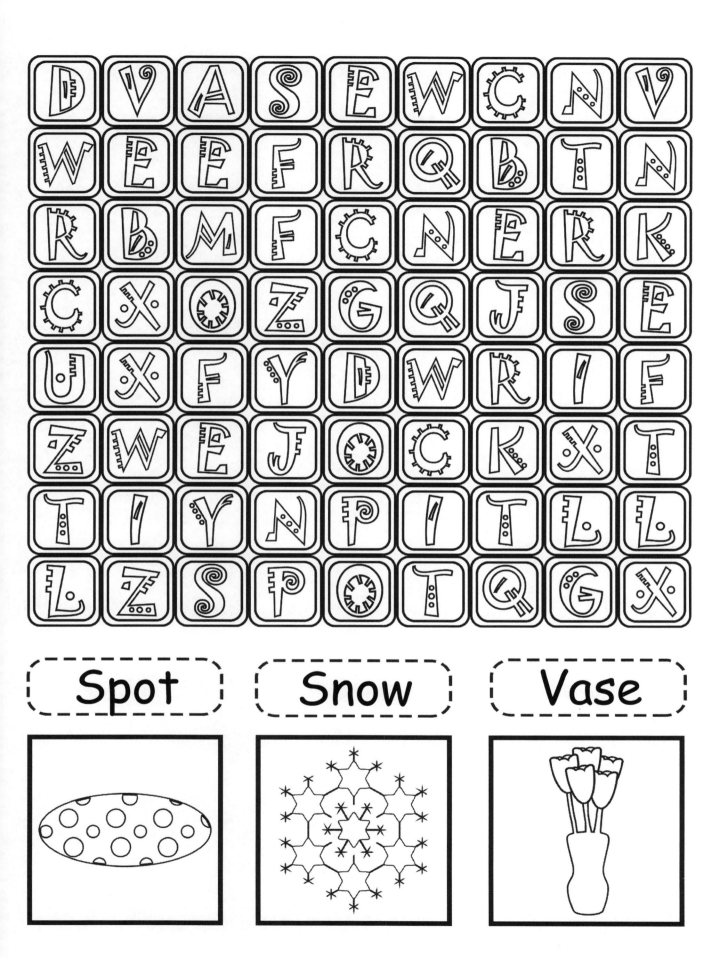

D	V	A	S	E	W	C	N	V
W	E	E	E	F	R	Q	B	T	N
R	B	M	F	C	N	E	R	K
C	X	O	Z	G	Q	J	S	E
U	X	F	Y	D	W	R	I	F
Z	W	E	J	O	C	K	X	T
T	I	Y	N	P	I	T	L	L
L	Z	S	P	O	T	Q	G	X

Spot

Snow

Vase

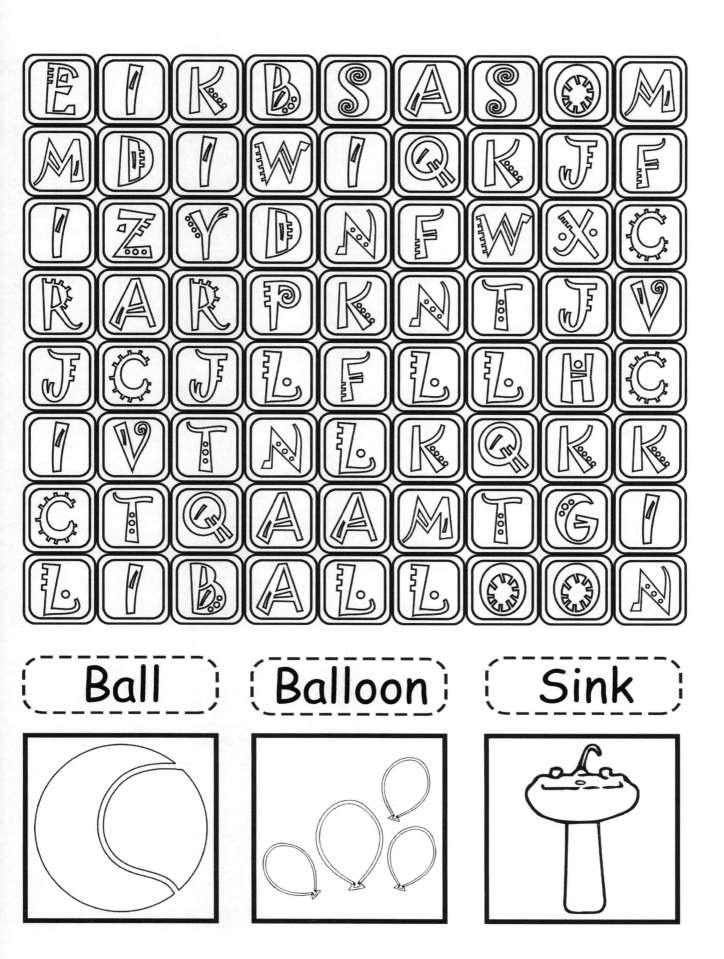

Ball

Balloon

Sink

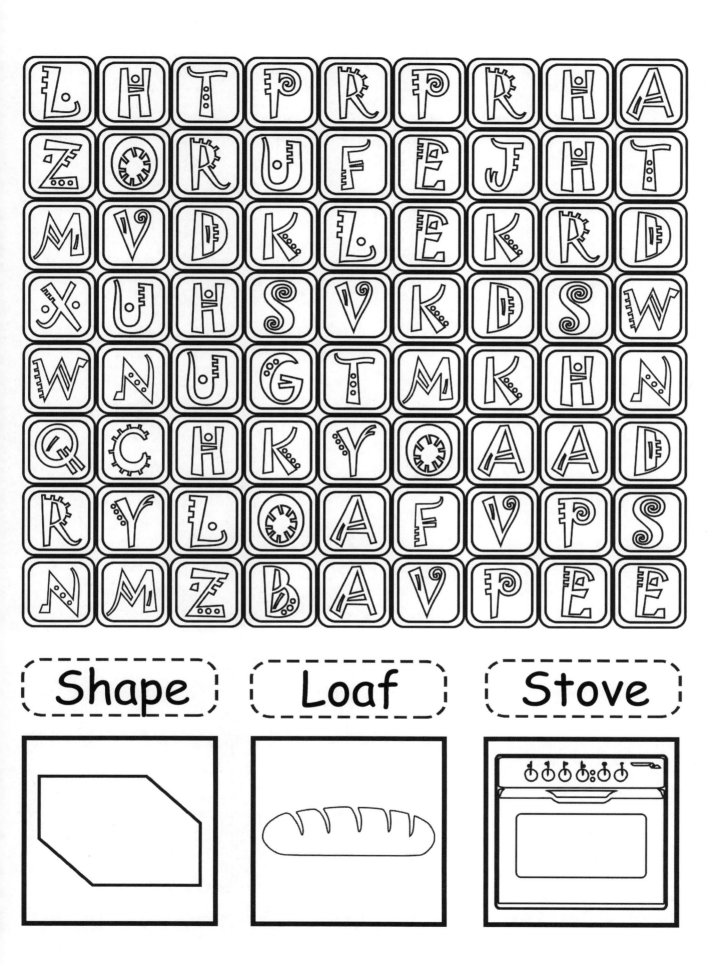

Shape

Loaf

Stove

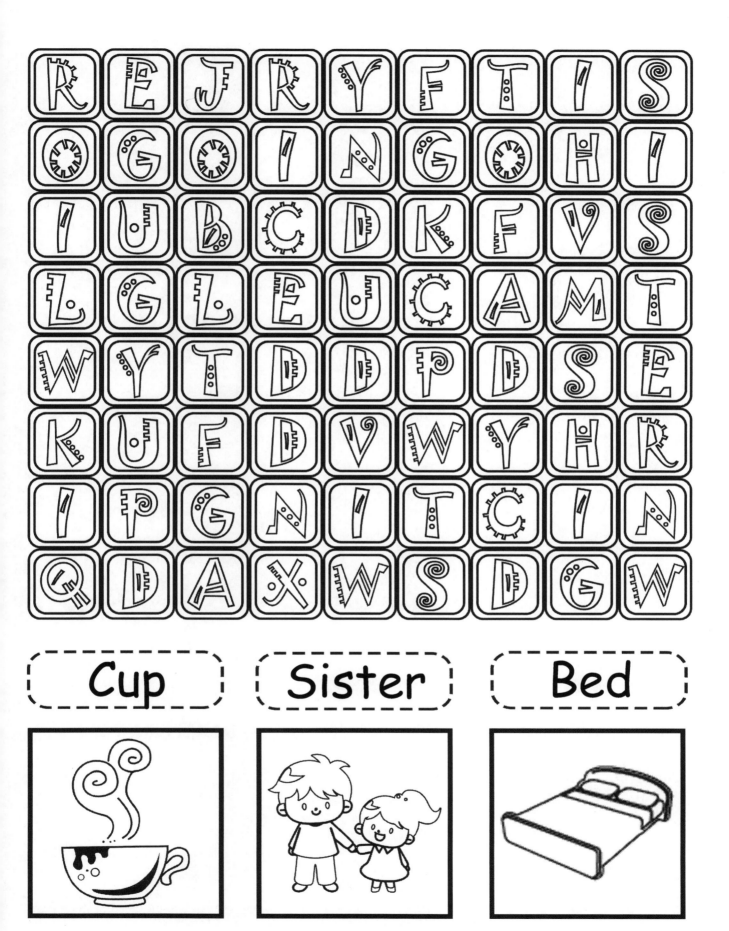

R	E	J	R	Y	F	T	I	S
O	G	O	I	N	G	O	H	I
I	U	B	C	D	K	F	V	S
L	G	L	E	U	C	A	M	T
W	Y	T	D	D	P	D	S	E
K	U	F	D	V	W	Y	H	R
I	P	G	N	I	T	C	I	N
Q	D	A	X	W	S	D	G	W

Cup

Sister

Bed

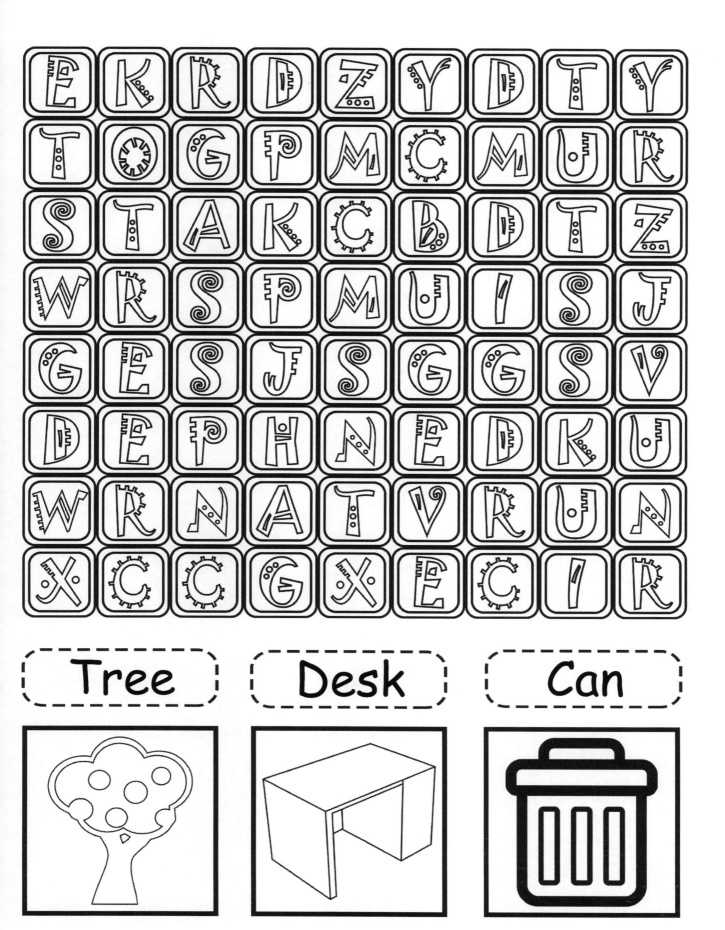

Tree   Desk   Can

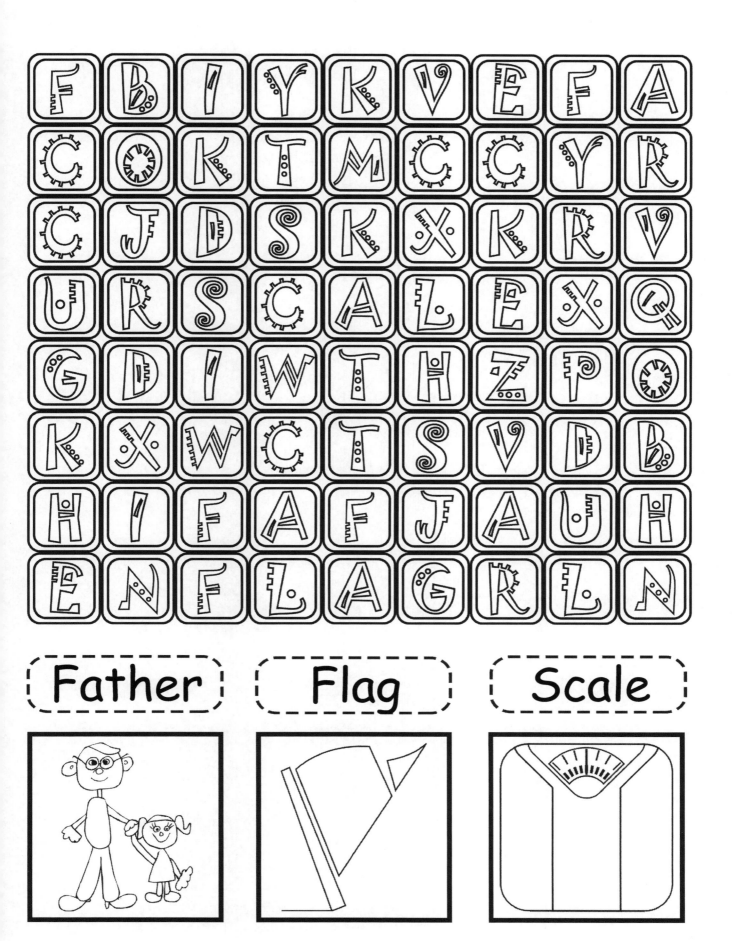

F	B	I	Y	K	V	E	F	A
C	O	K	T	M	C	C	Y	R
C	J	D	S	K	X	K	R	V
U	R	S	C	A	L	E	X	Q
G	D	I	W	T	H	Z	P	O
K	X	W	C	T	S	V	D	B
H	I	F	A	F	J	A	U	H
E	N	F	L	A	G	R	L	N

Father

Flag

Scale

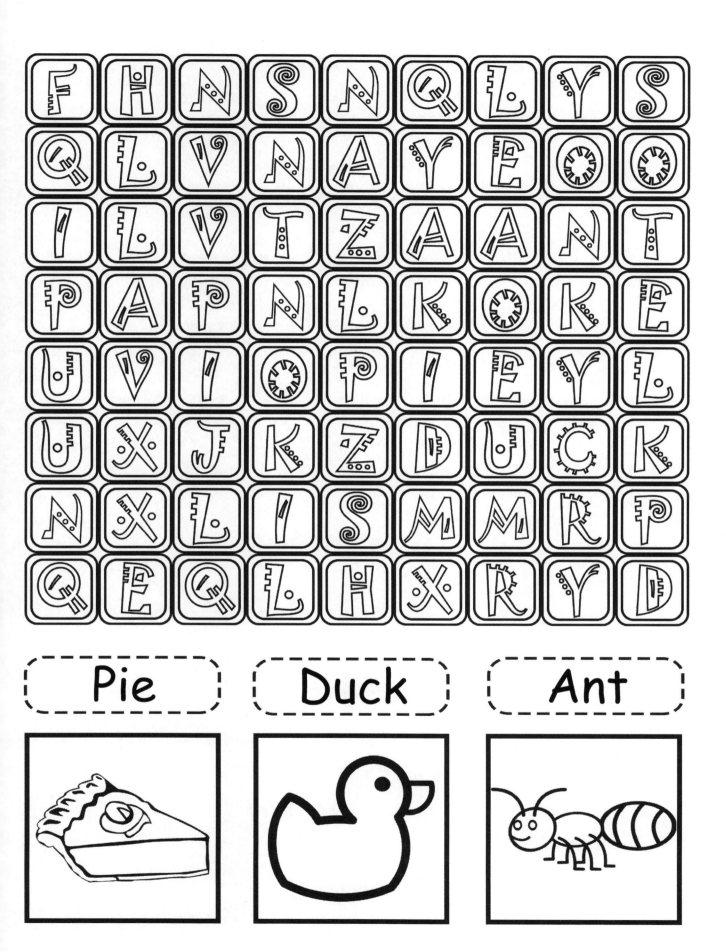

Pie

Duck

Ant

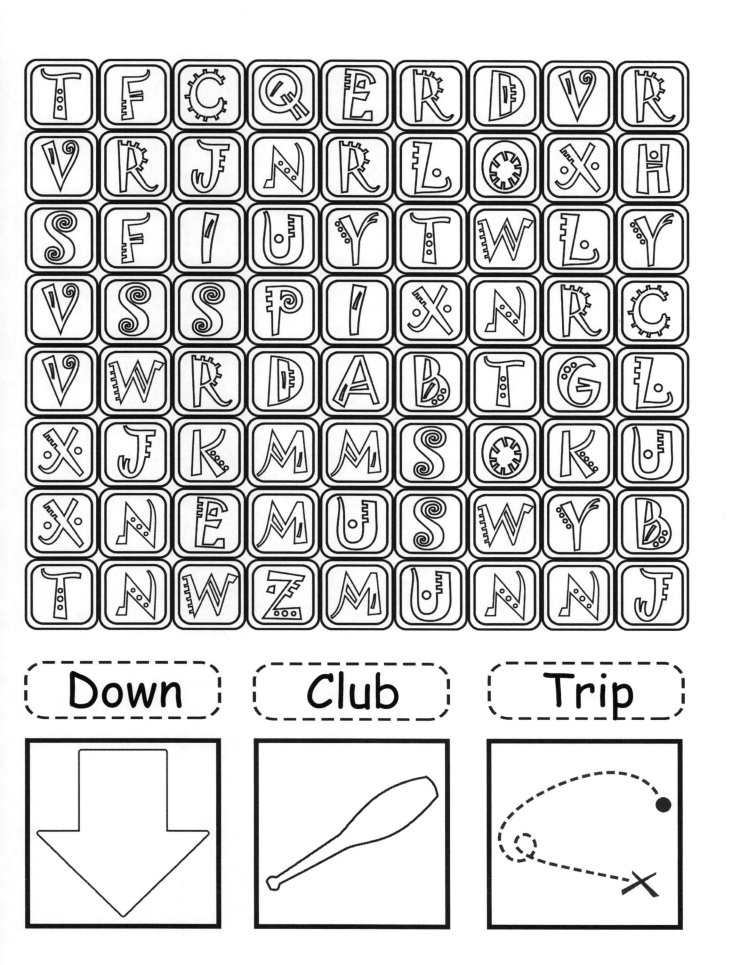

Down

Club

Trip

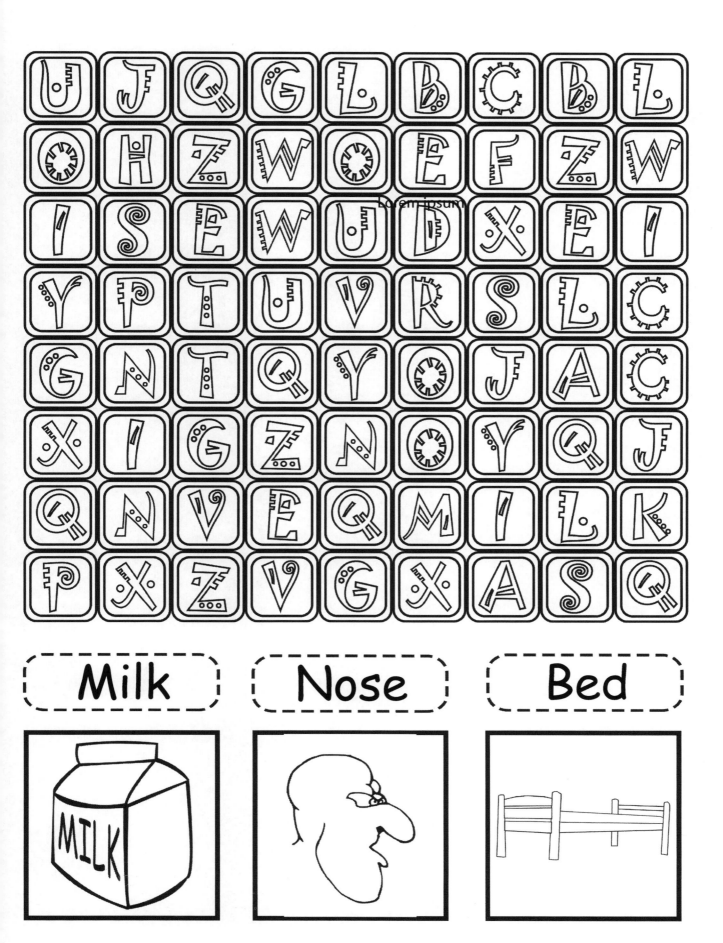

Milk

Nose

Bed

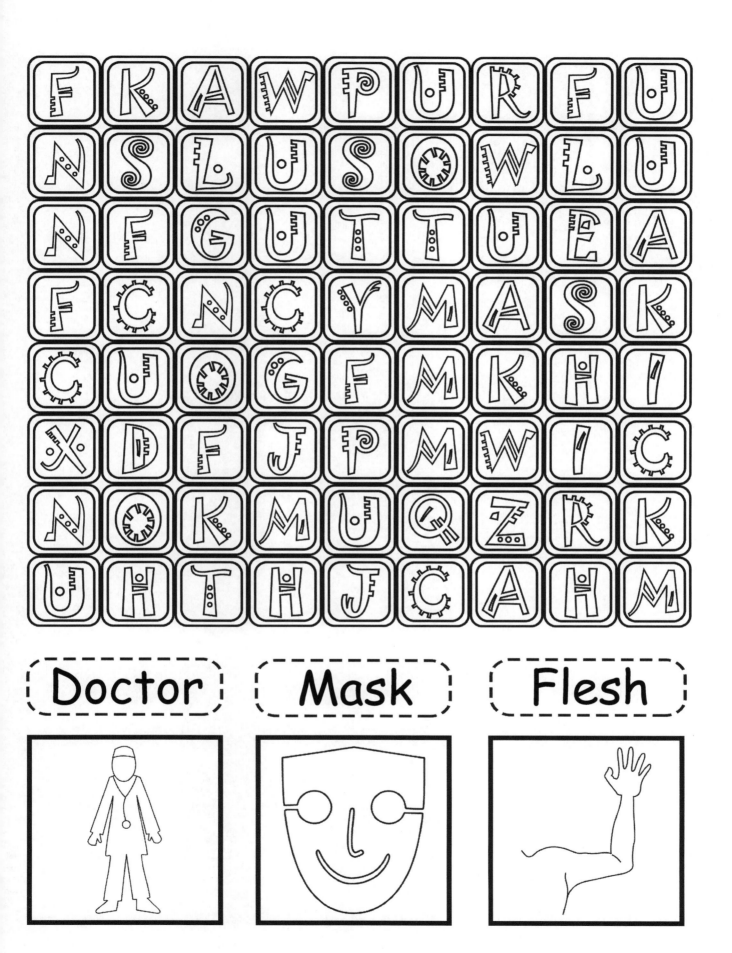

Doctor   Mask   Flesh

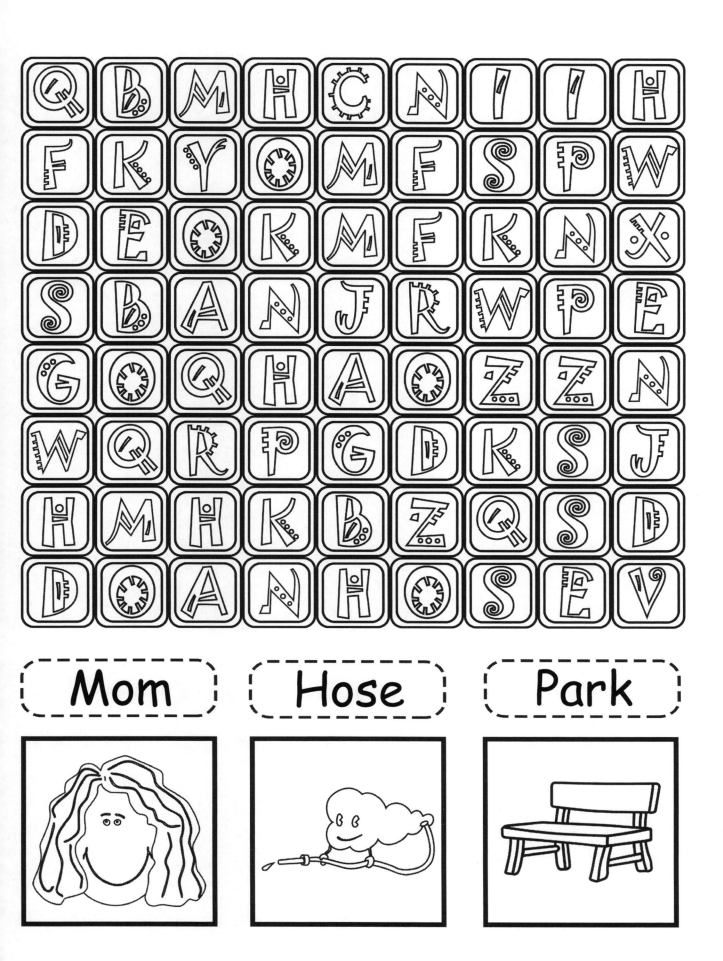

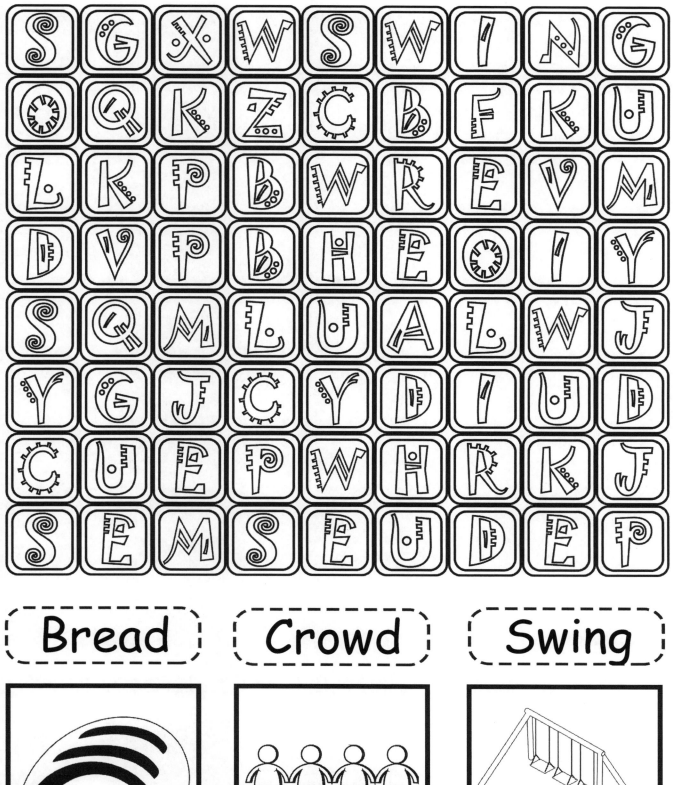

Bread

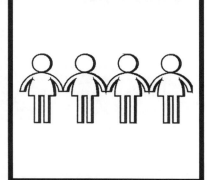
Crowd

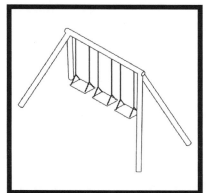
Swing

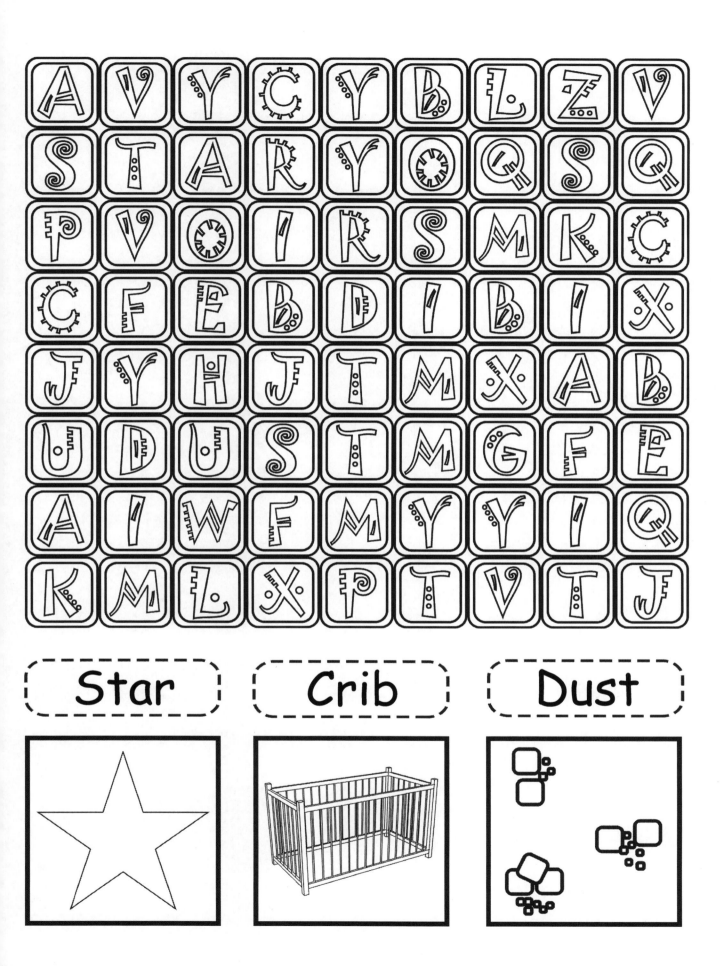

A	Y	C	Y	B	L	Z	V
S	T	A	R	Y	Q	S	Q
P	V	O	I	R	S	M	K	C
C	F	E	B	D	I	B	I	X
J	Y	H	J	T	M	X	A	B
U	D	U	S	T	M	G	F	E
A	I	W	F	M	Y	Y	I	Q
K	M	L	X	P	T	V	T	J

Star

Crib

Dust

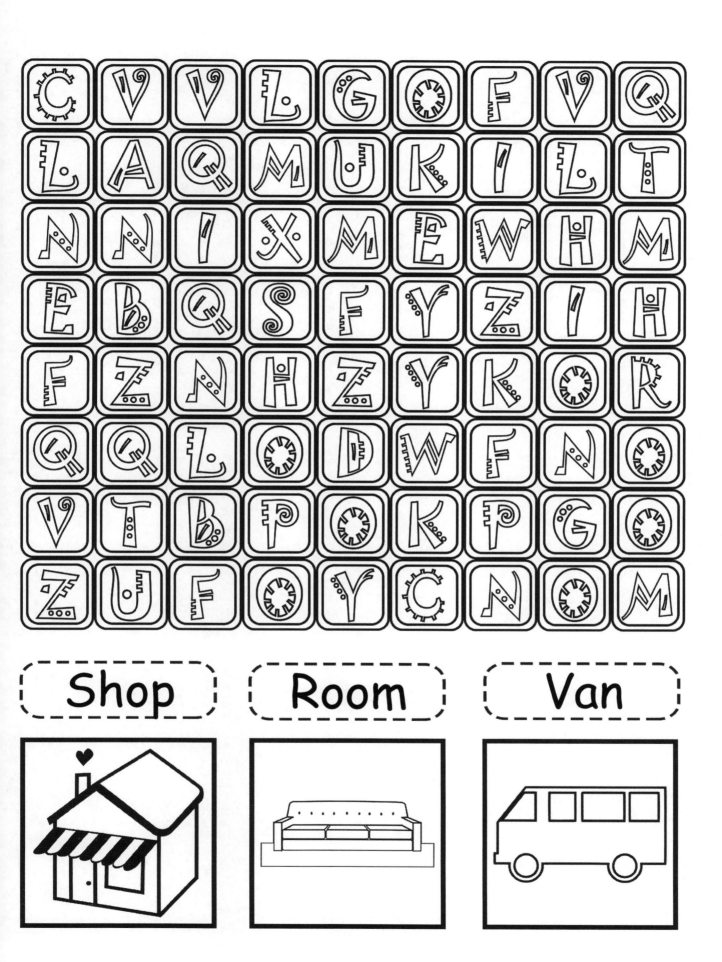

Shop

Room

Van

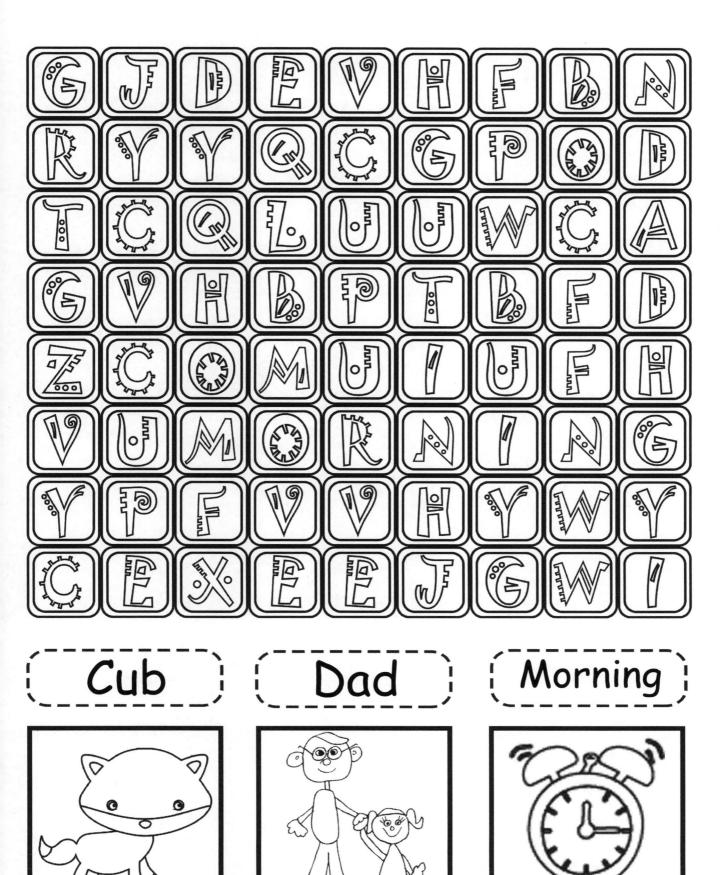

Cub

Dad

Morning

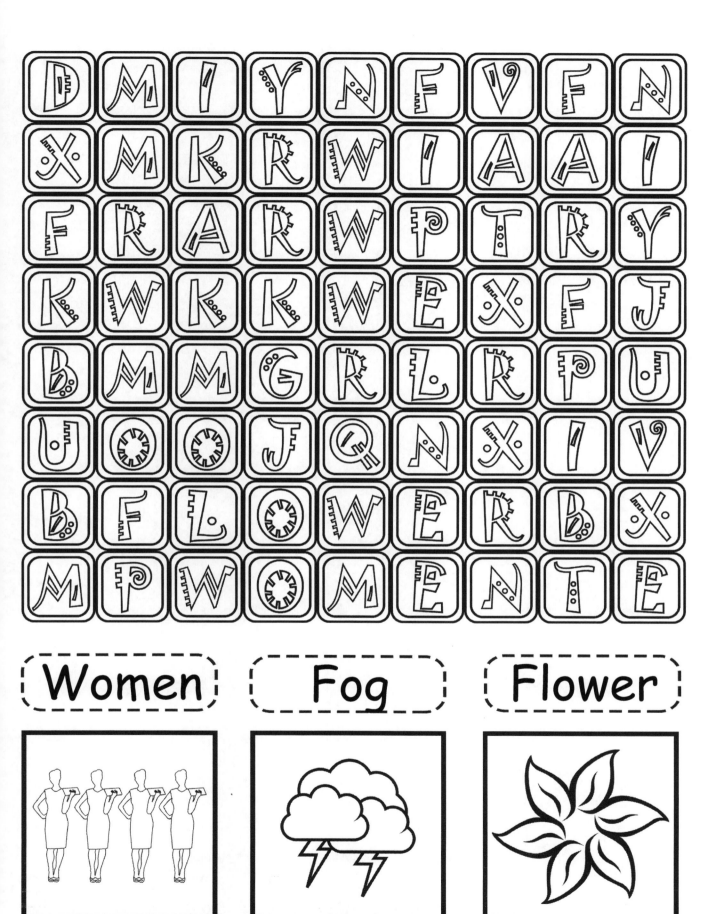

Women　　Fog　　Flower

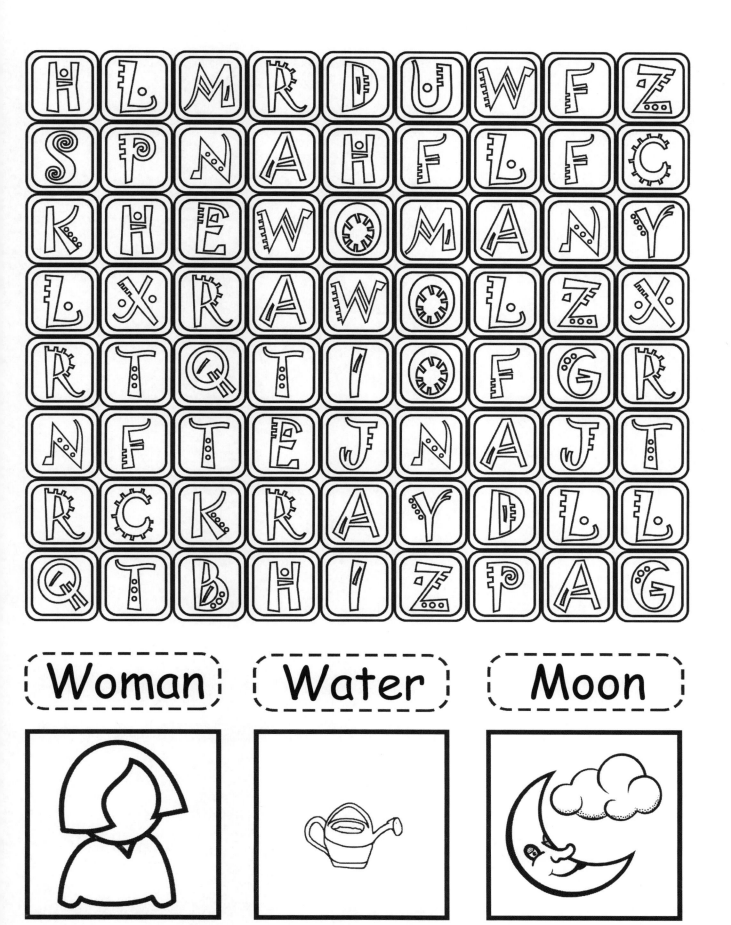

Woman   Water   Moon

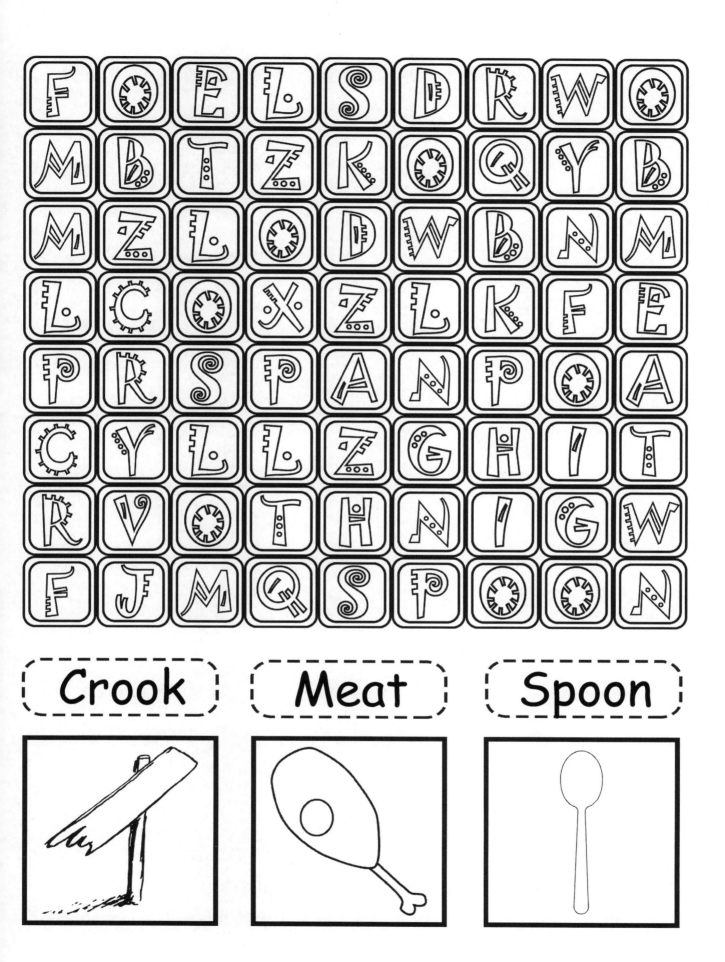

Crook   Meat   Spoon

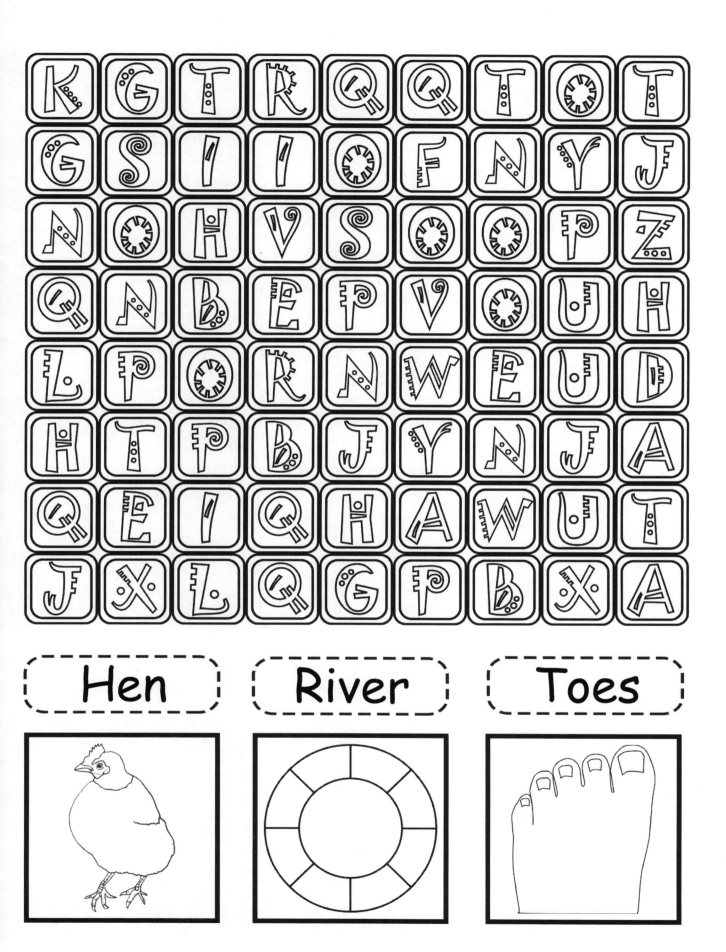

Hen

River

Toes

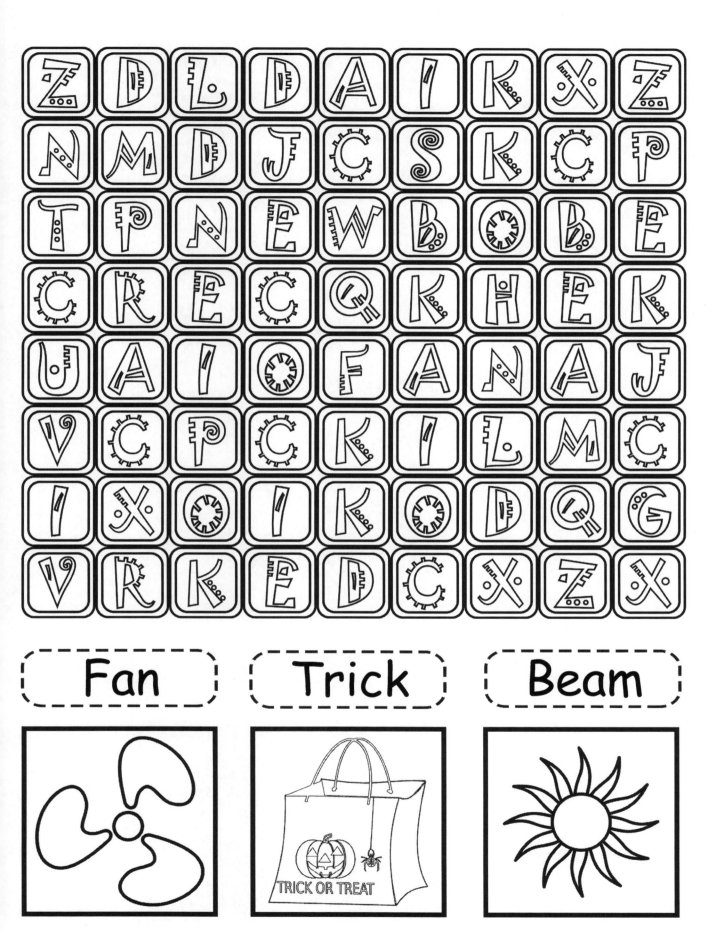

Fan   Trick   Beam

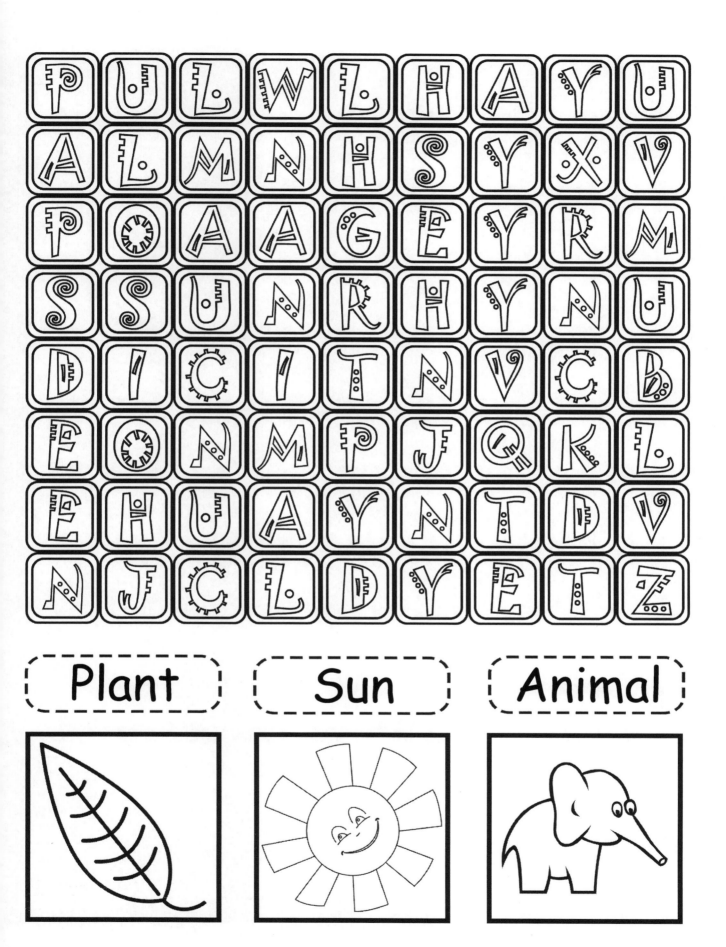

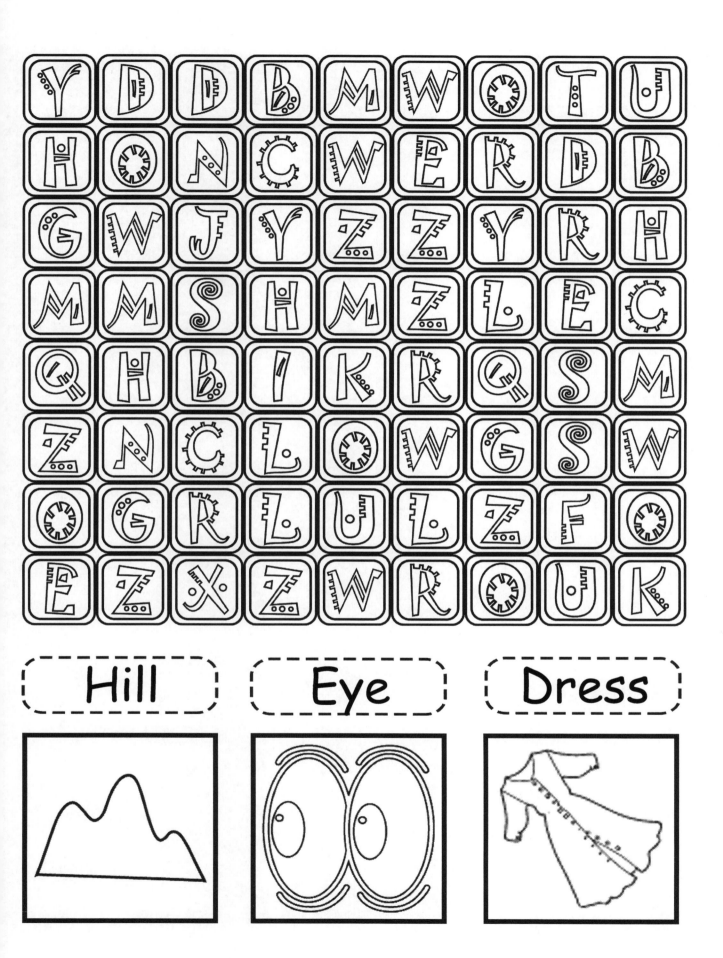

Hill

Eye

Dress

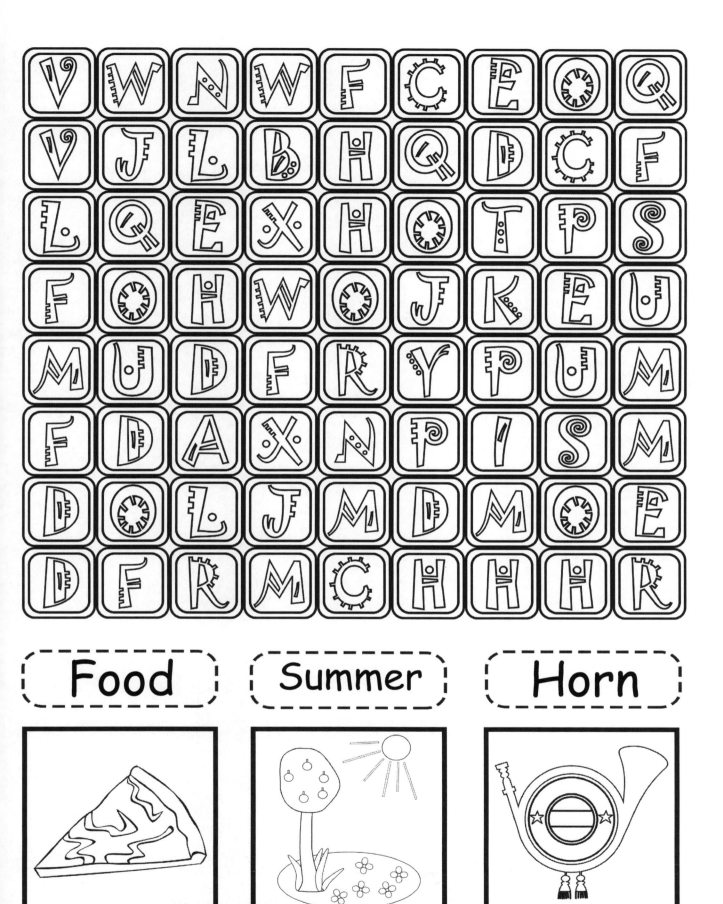

Food

Summer

Horn

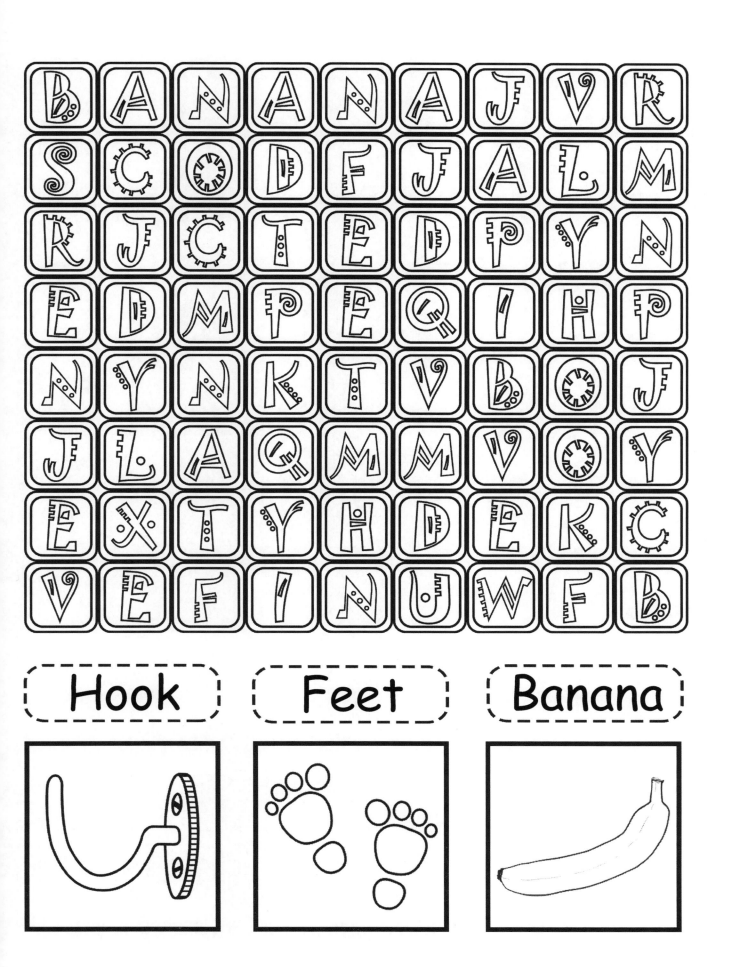

B	A	N	A	N	A	N	A	J	V	R
S	C	O	D	F	J	A	L	M
R	J	C	T	E	D	P	Y	N
E	D	M	P	E	E	Q	I	H	P
N	Y	N	K	T	V	B	O	J
J	L	A	Q	M	M	V	O	Y
E	X	T	Y	H	D	E	K	C
V	E	F	I	N	U	W	F	B

Hook

Feet

Banana

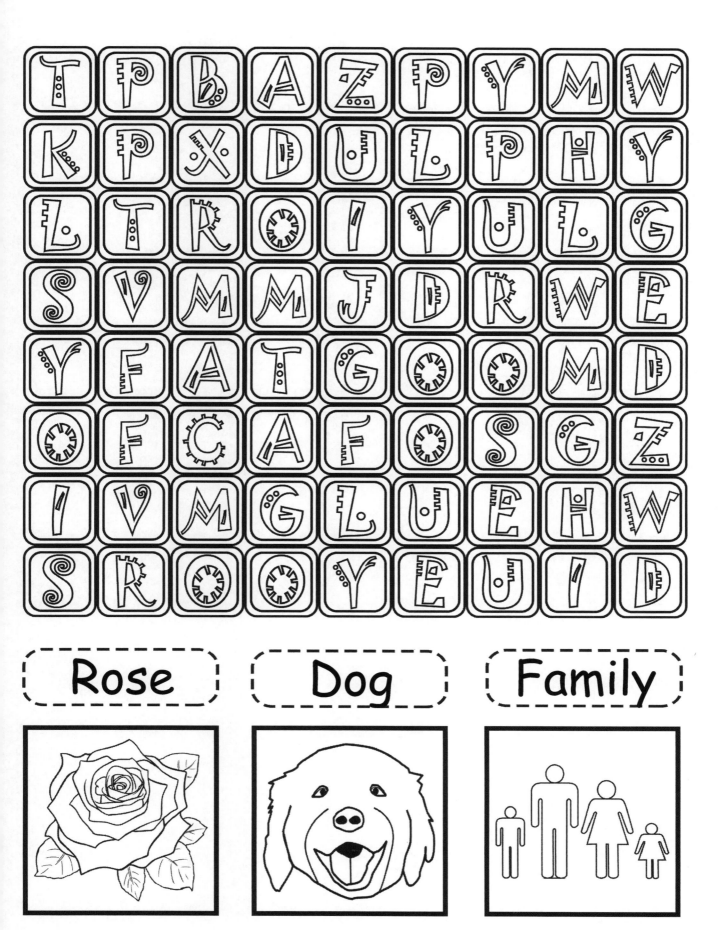

T	B	A	Z	P	Y	M	W
K	P	X	D	U	L	P	H	Y
L	T	R	O	I	Y	U	L	G
S	V	M	M	J	D	R	W	E
Y	F	A	T	G	O	O	M	D
O	F	C	A	F	O	S	G	Z
I	V	M	G	L	U	E	H	W
S	R	O	O	Y	E	U	I	D

Rose   Dog   Family

Each pictogram represents a letter. Use this key to help you find the correct pictures that represents the letters that form the words.

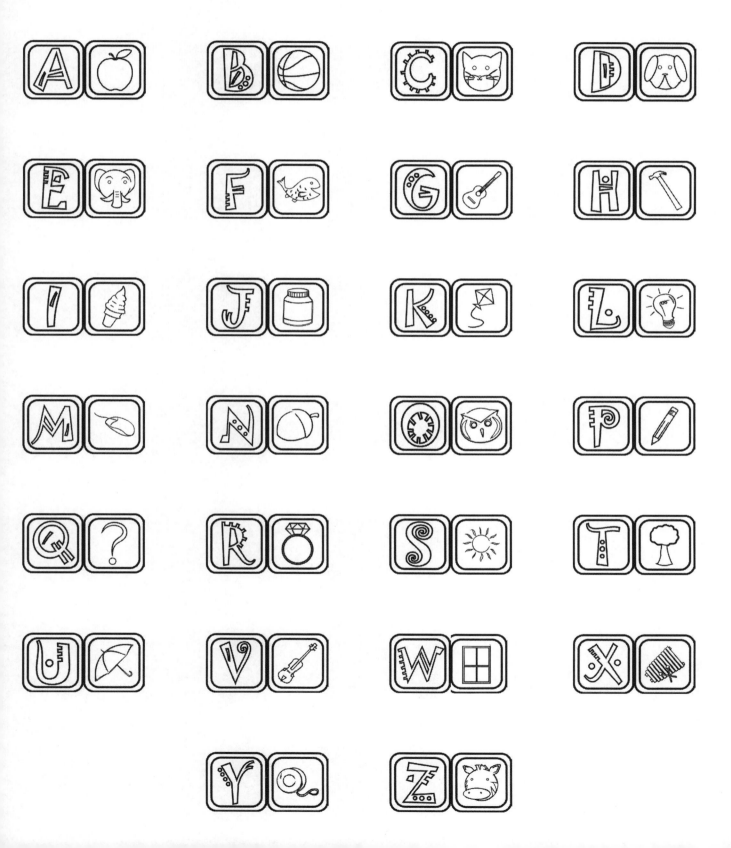

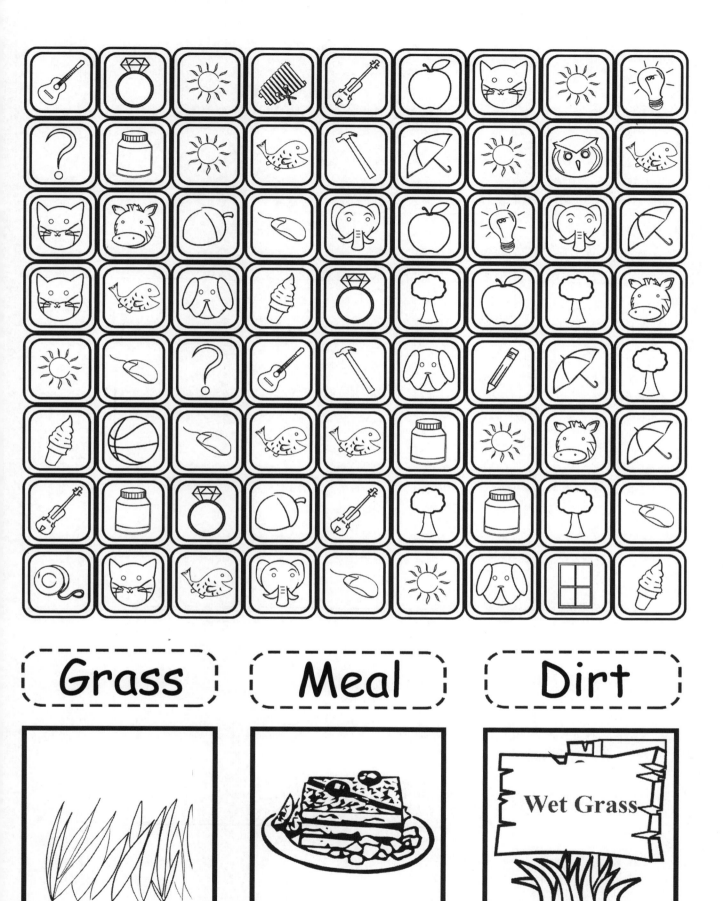

Grass

Meal

Dirt

Wet Grass

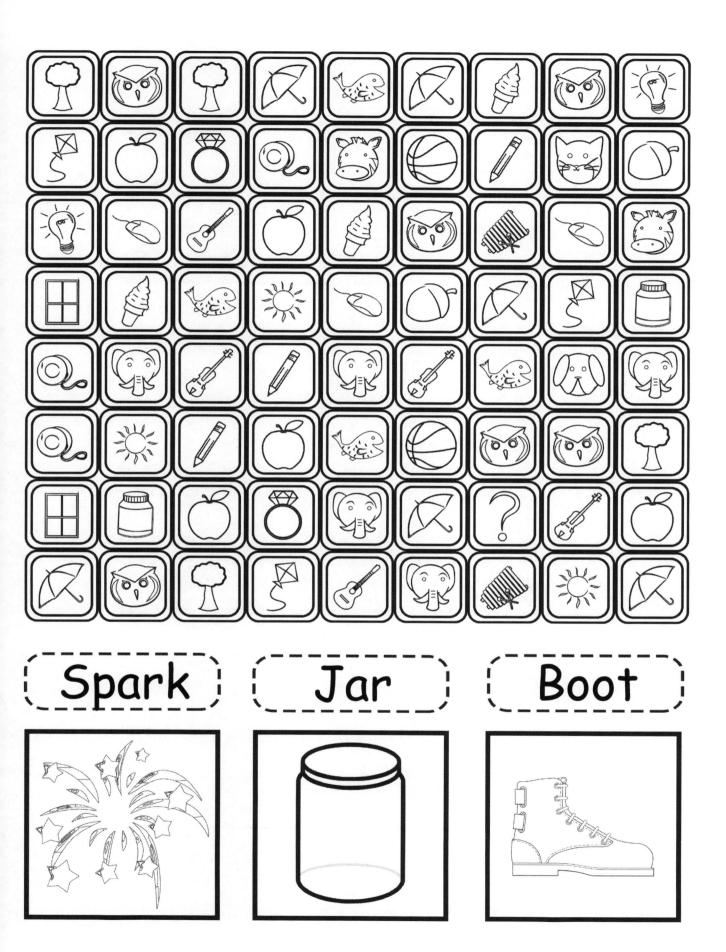

Spark

Jar

Boot

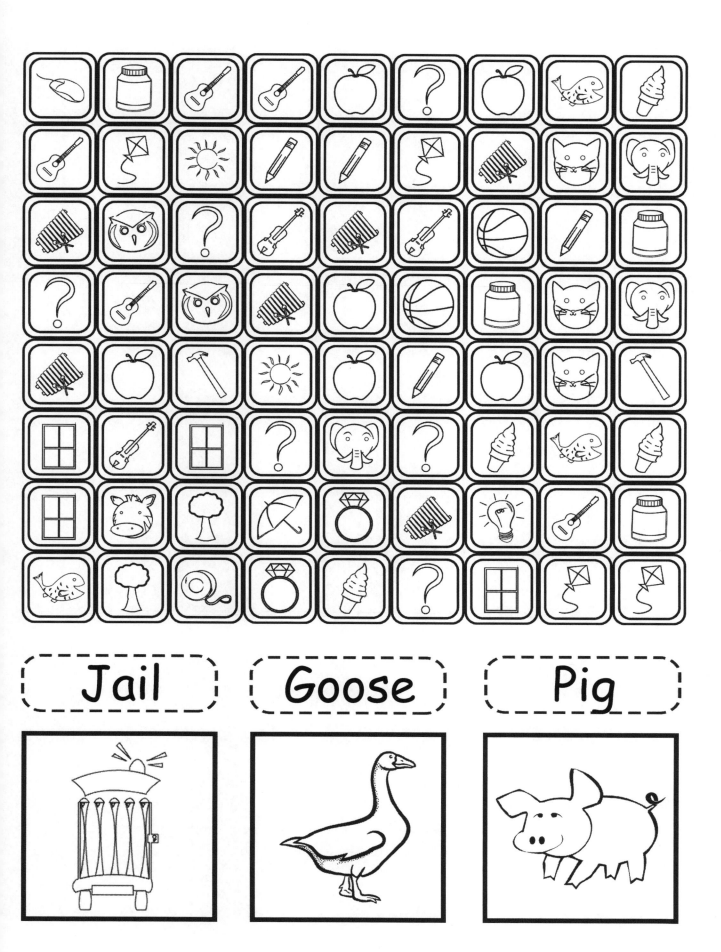

Jail

Goose

Pig

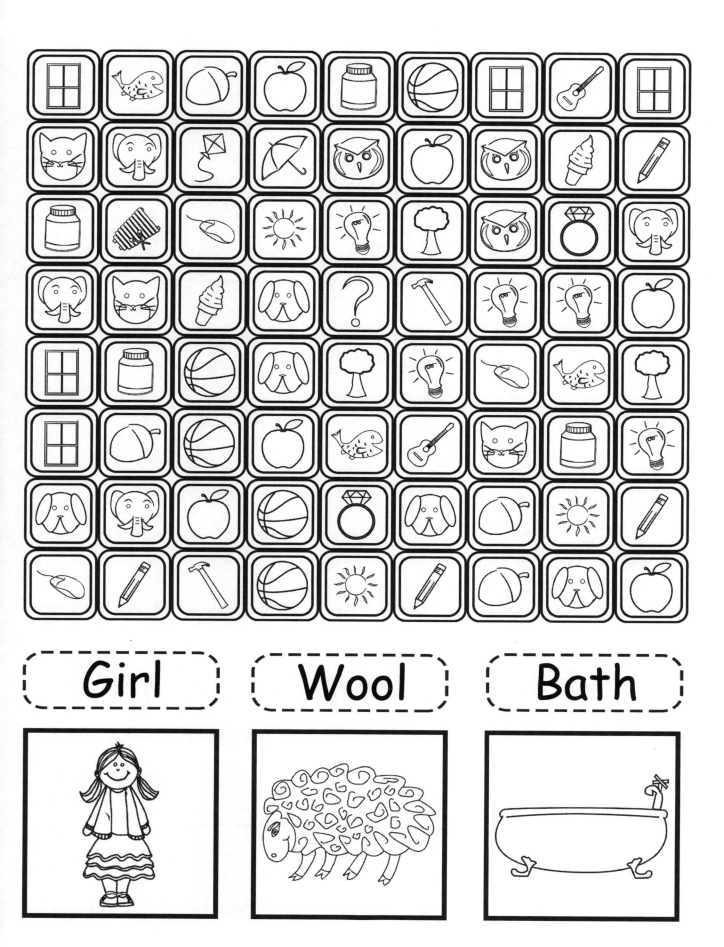

Girl

Wool

Bath

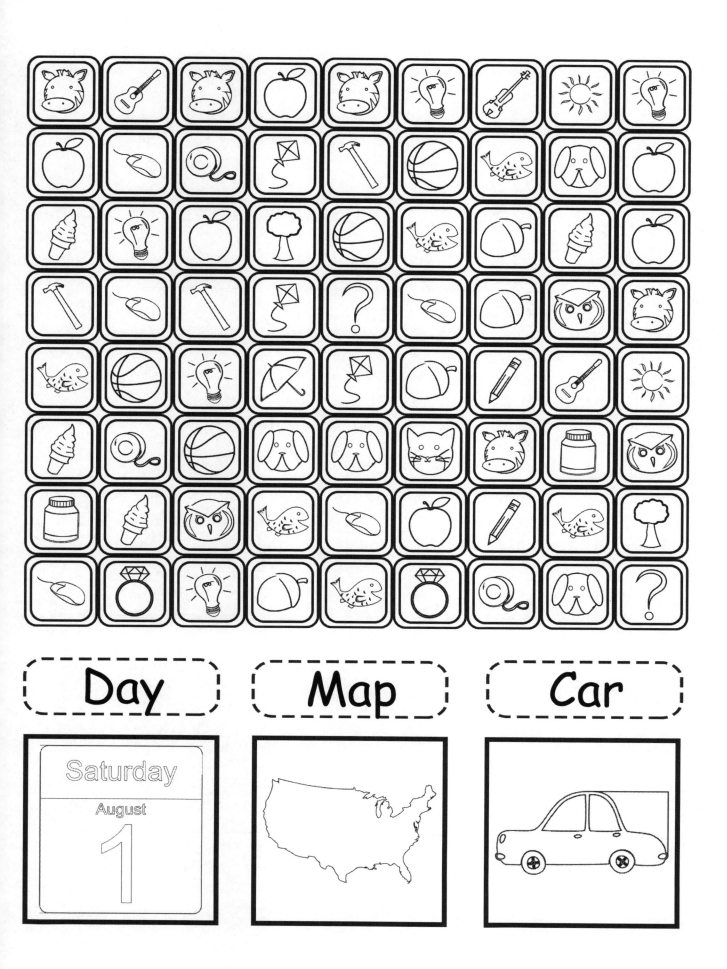

Day

Map

Car

Saturday

August

1

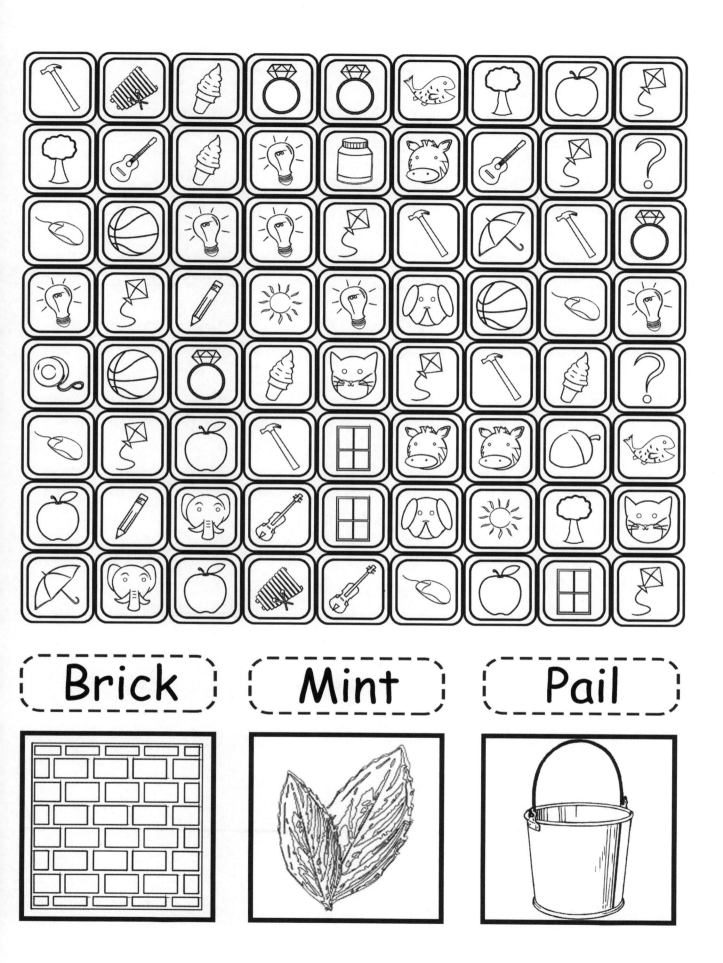

Brick

Mint

Pail

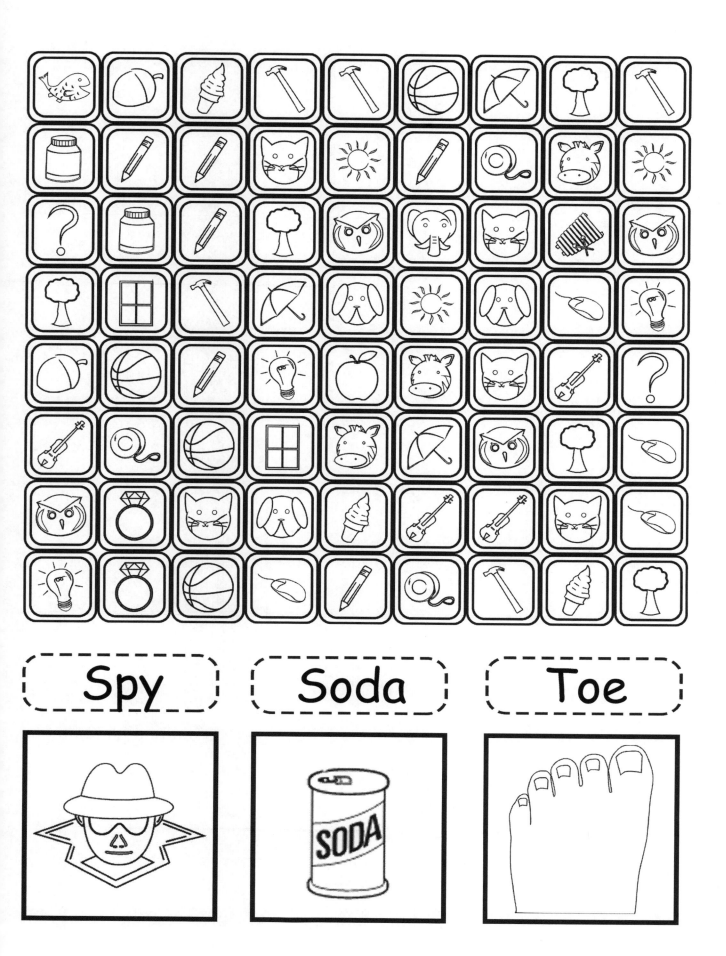

Spy

Soda

Toe

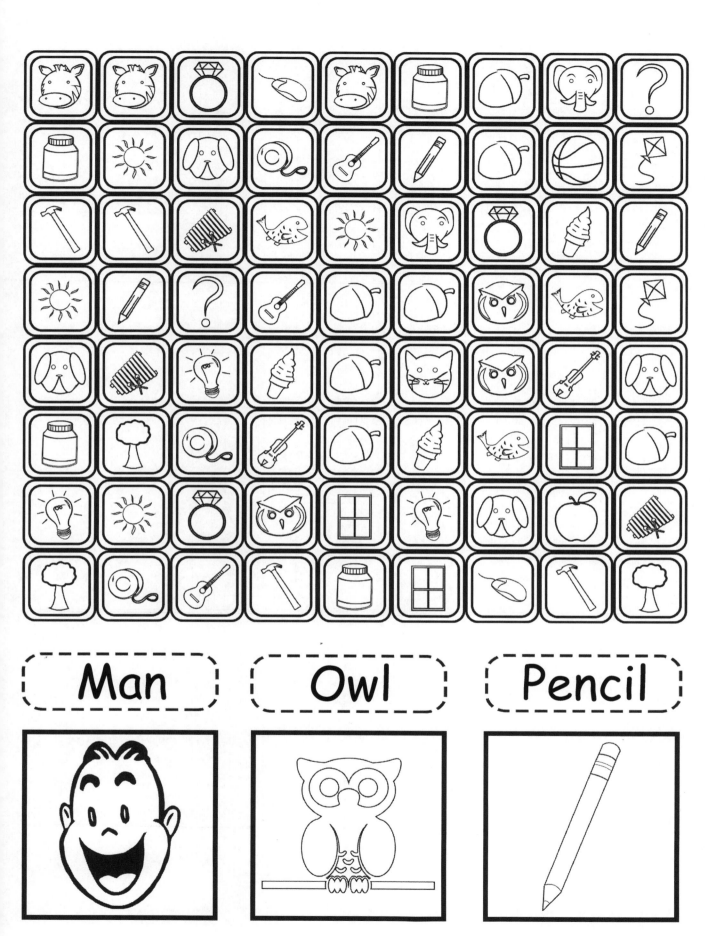

Man

Owl

Pencil

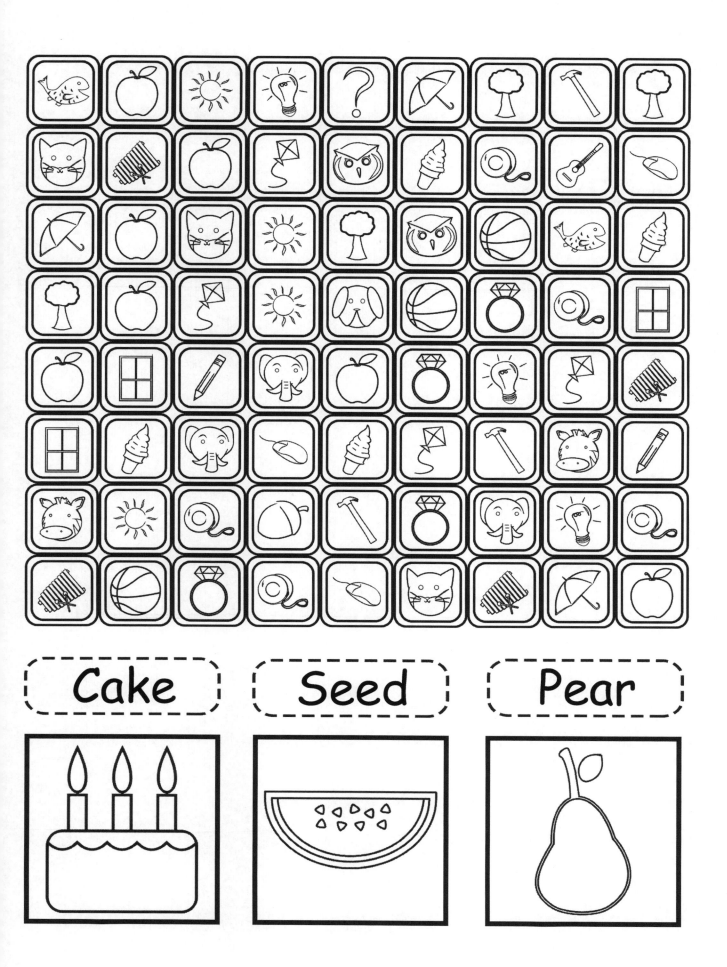

Cake

Seed

Pear

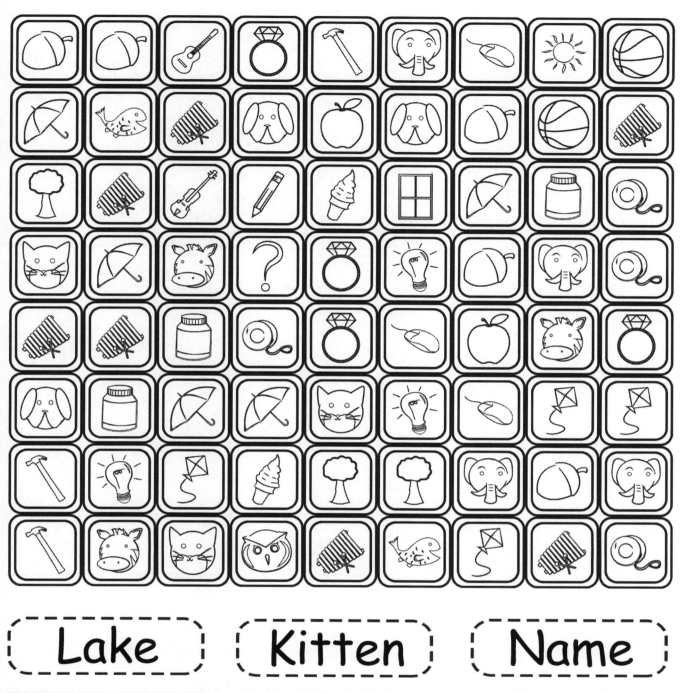

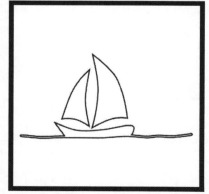

Lake

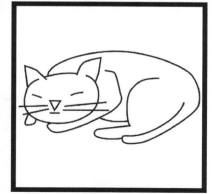

Kitten

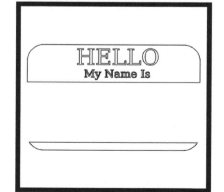

Name

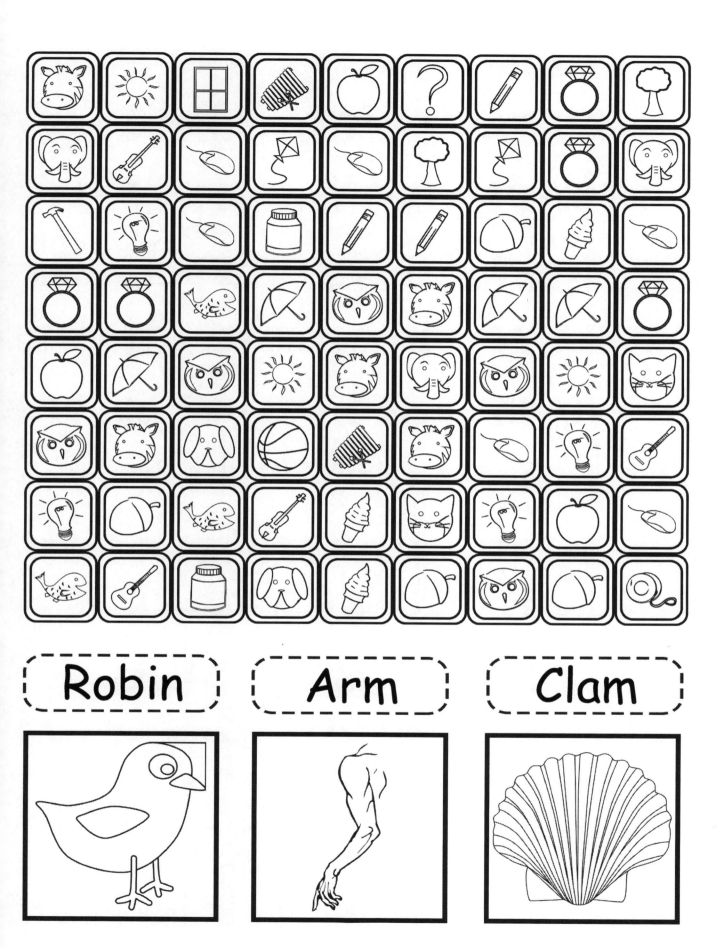

Robin

Arm

Clam

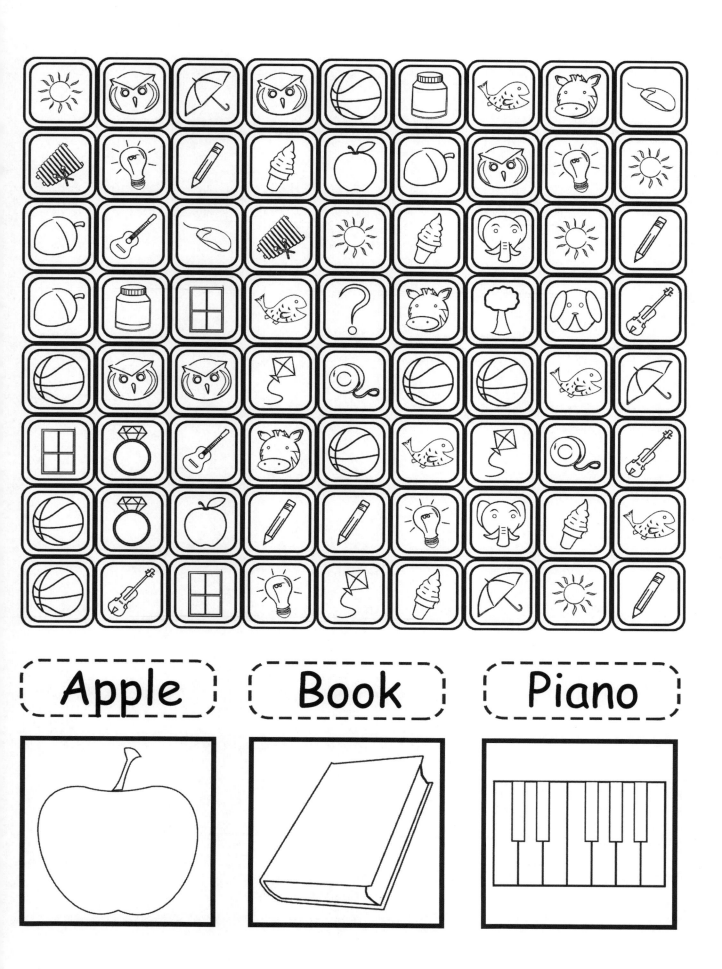

Apple

Book

Piano

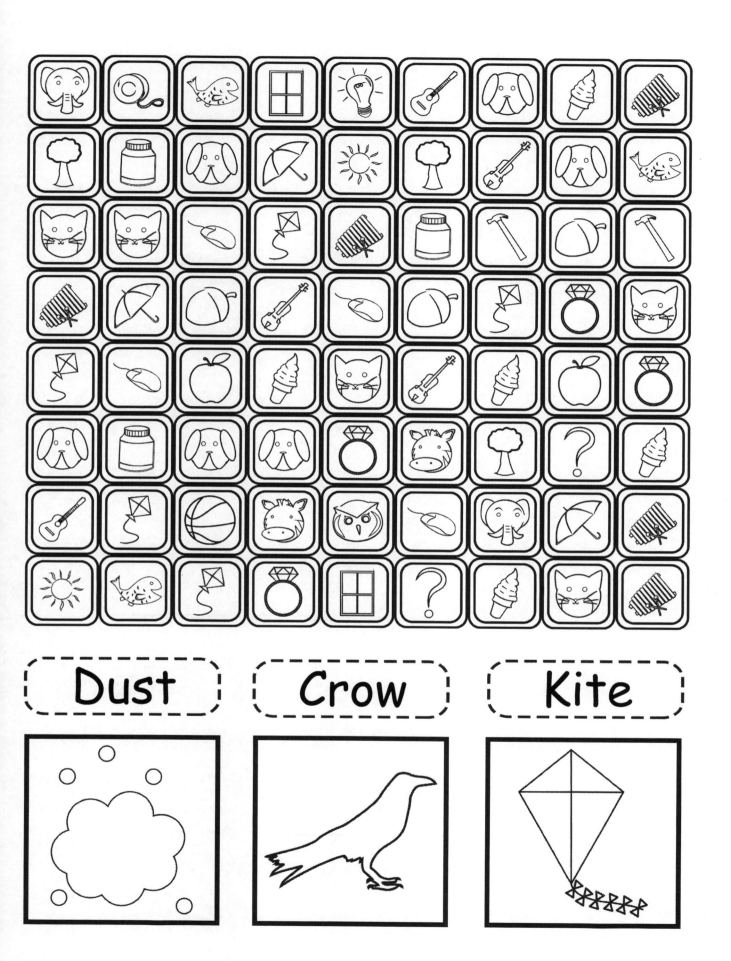

Dust

Crow

Kite

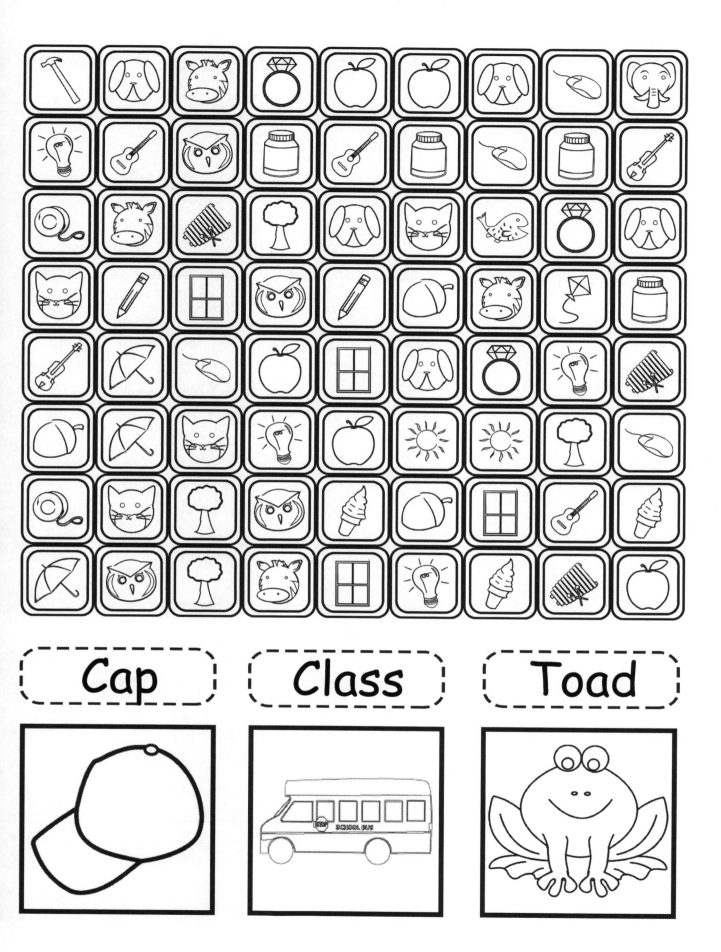

Cap

Class

Toad

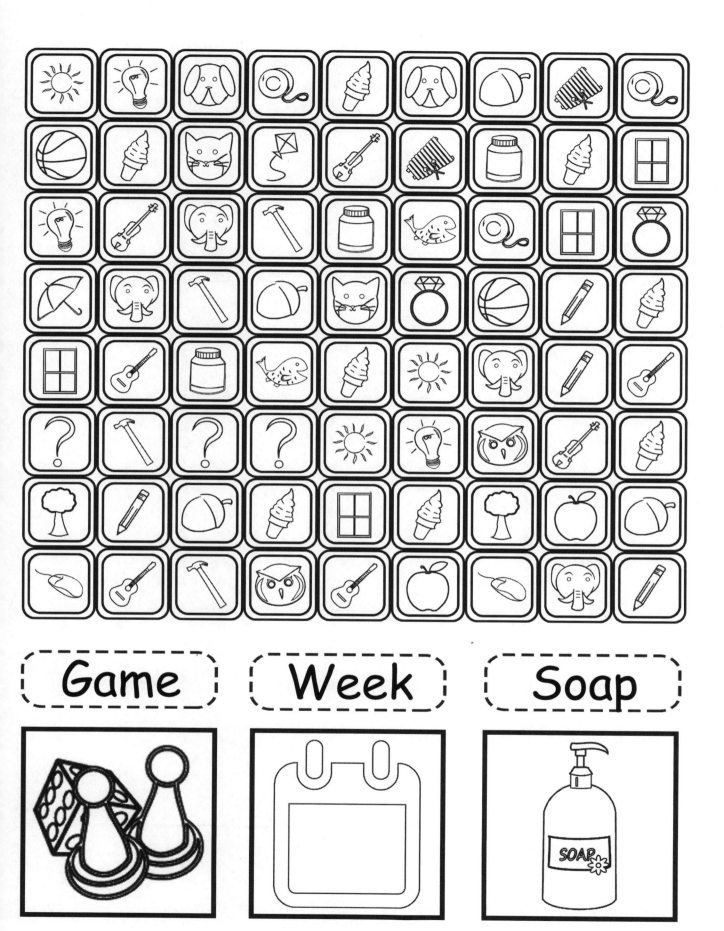

Game

Week

Soap

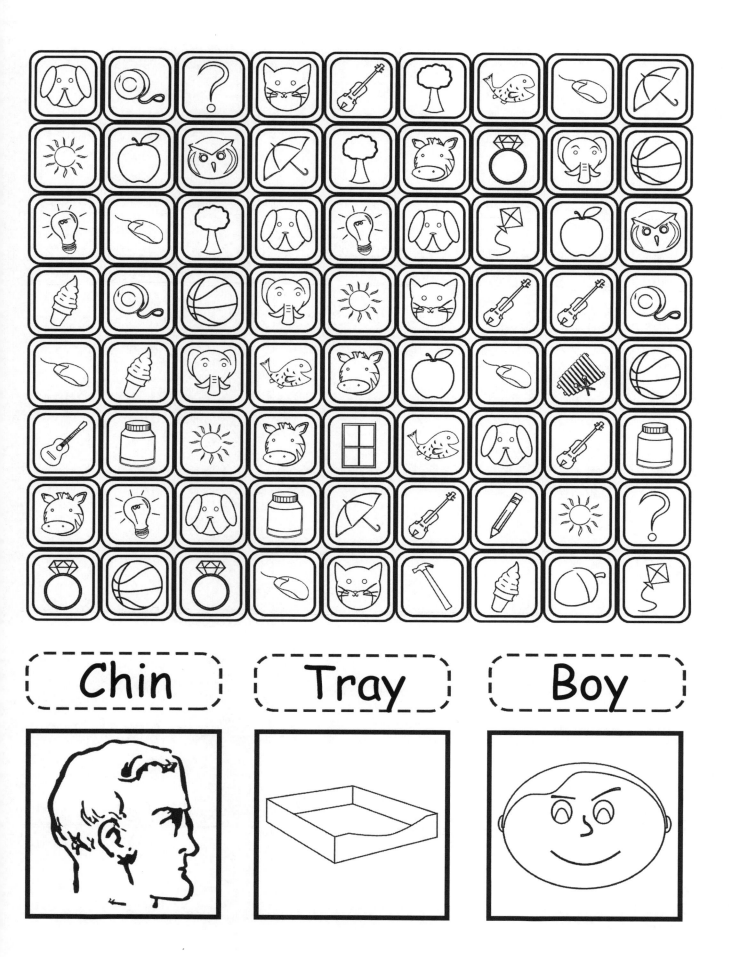

Chin

Tray

Boy

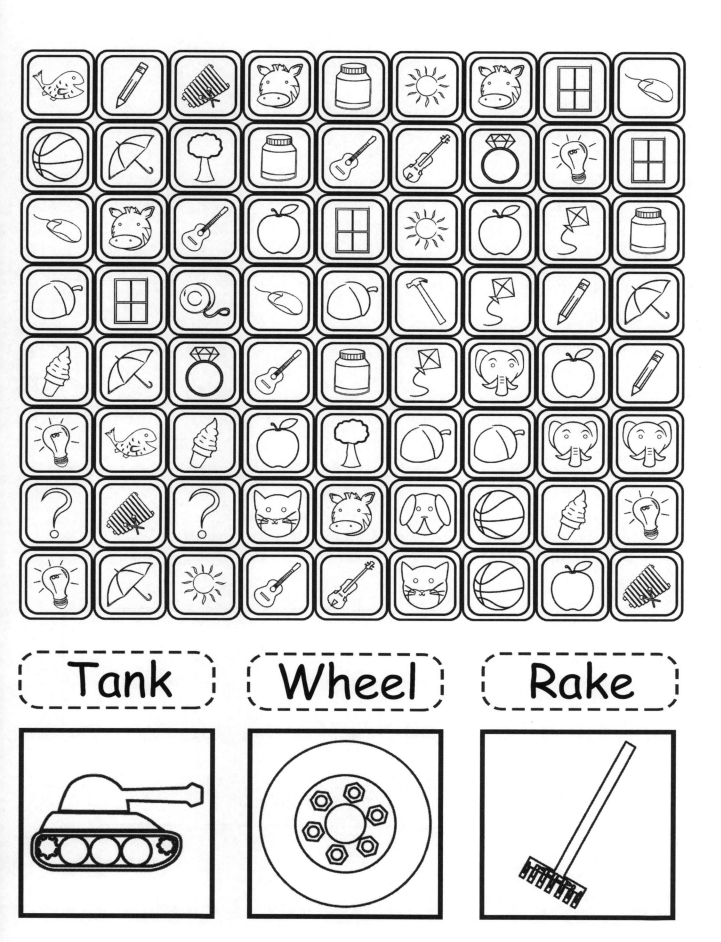

Tank

Wheel

Rake

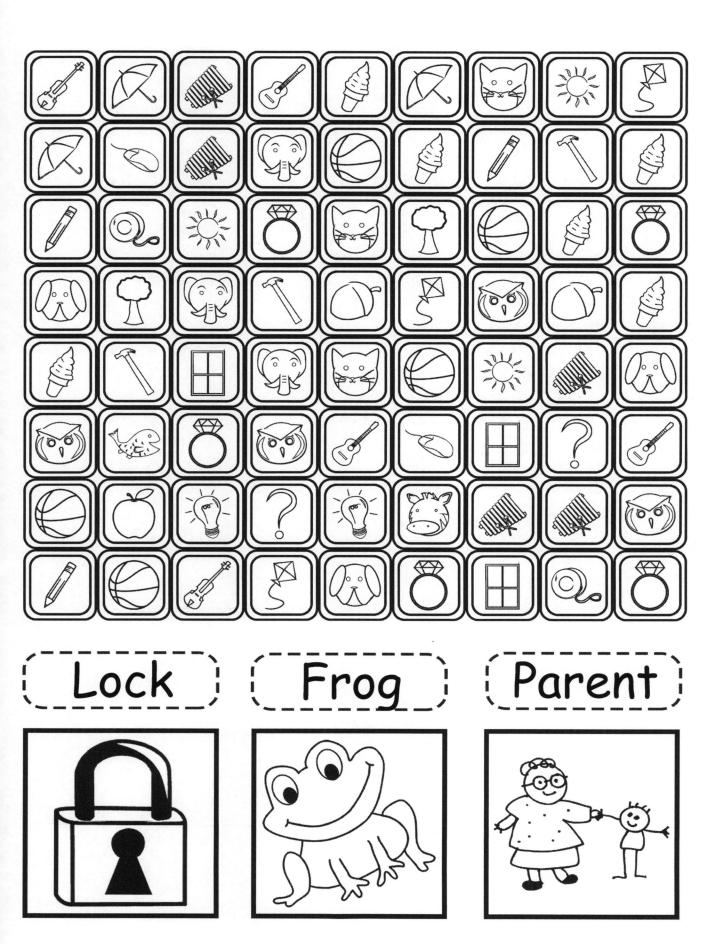

Lock

Frog

Parent

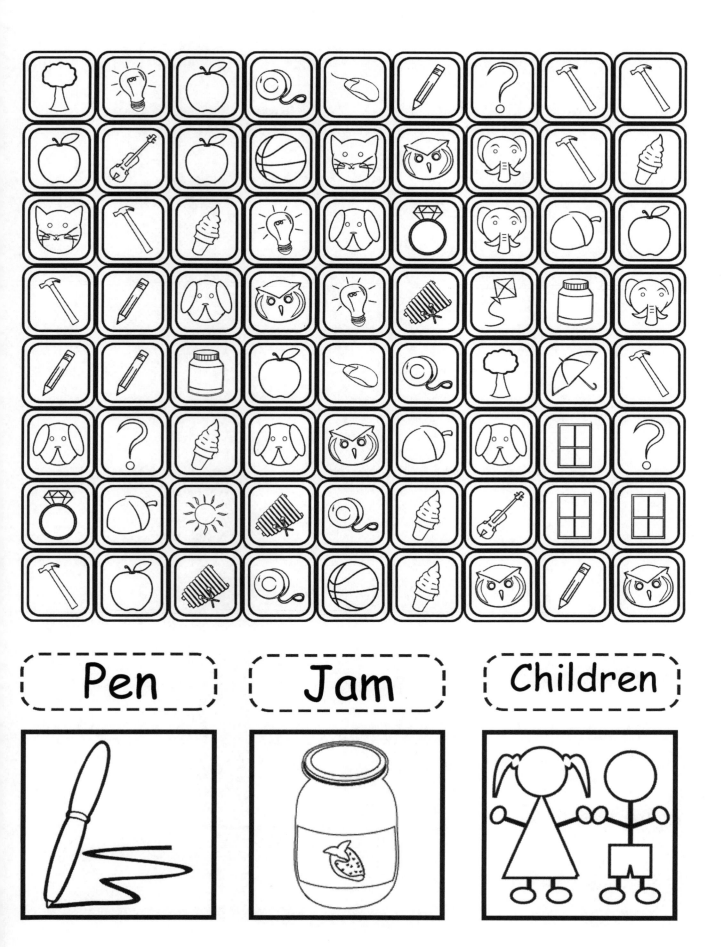

Pen

Jam

Children

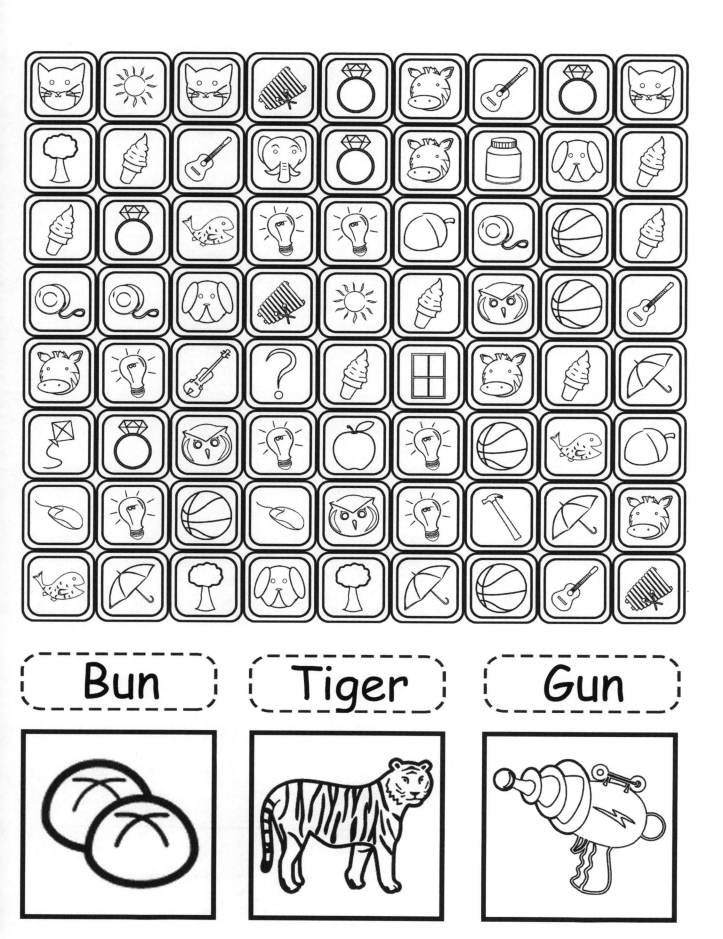

Bun

Tiger

Gun

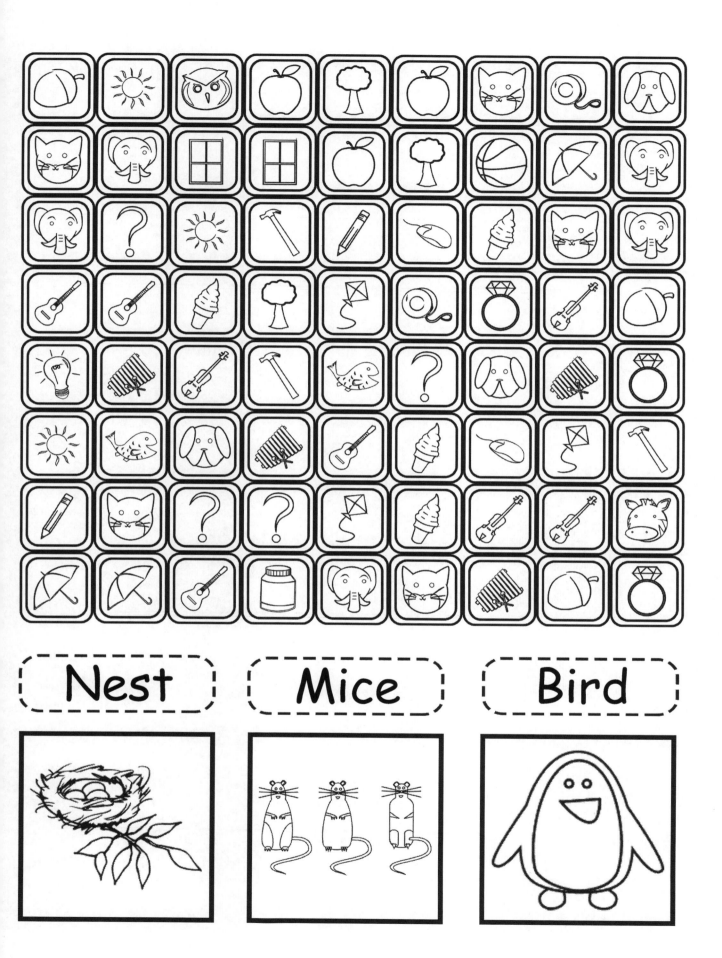

Nest

Mice

Bird

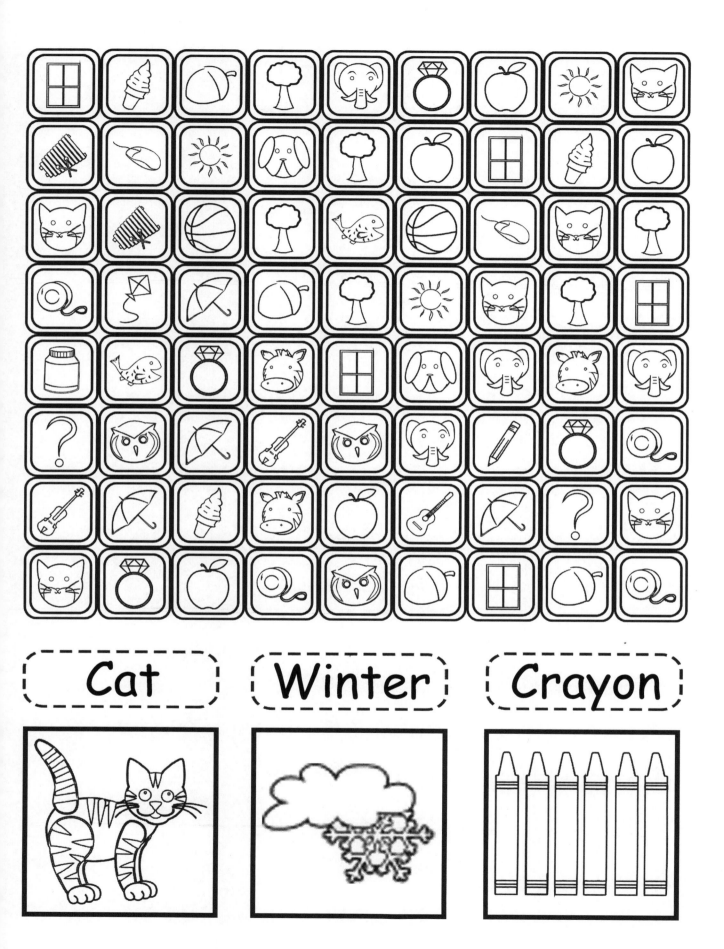

Cat

Winter

Crayon

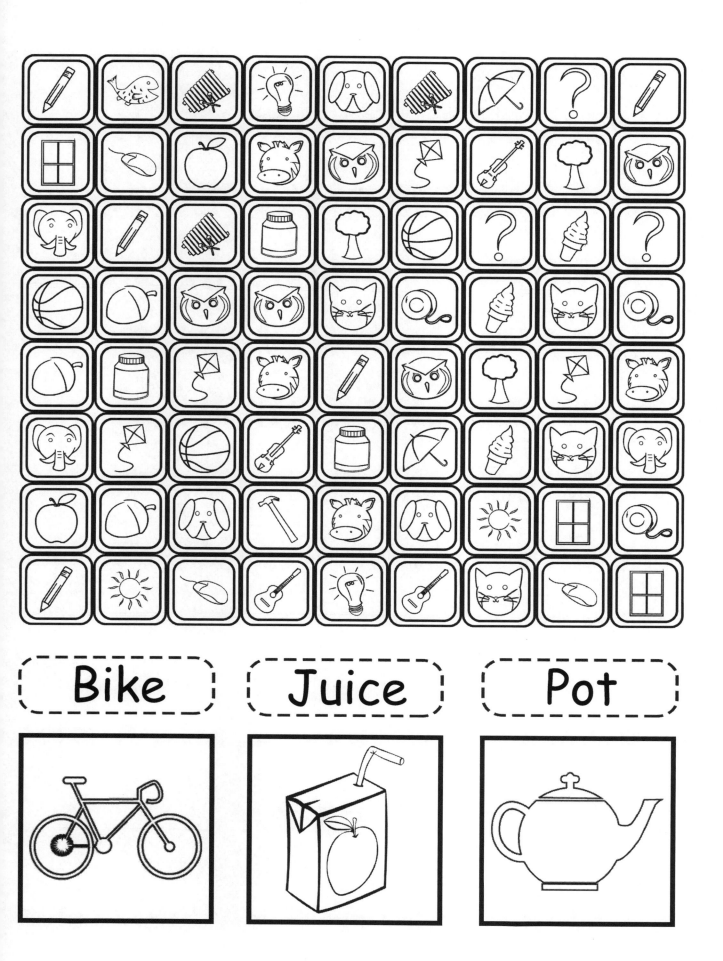

Bike   Juice   Pot

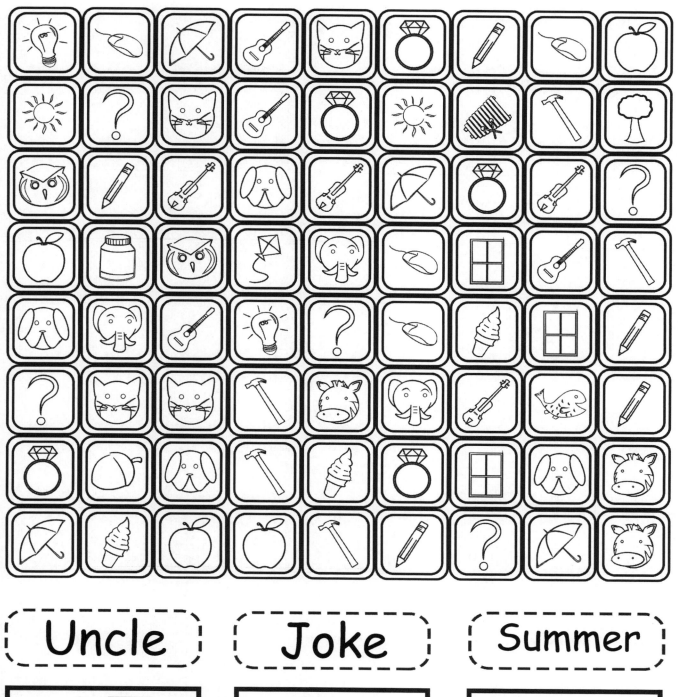

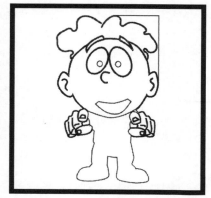

Uncle

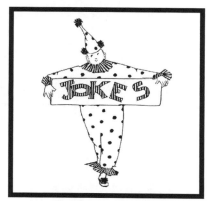

Joke

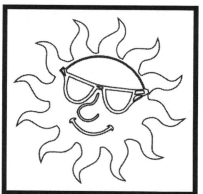

Summer

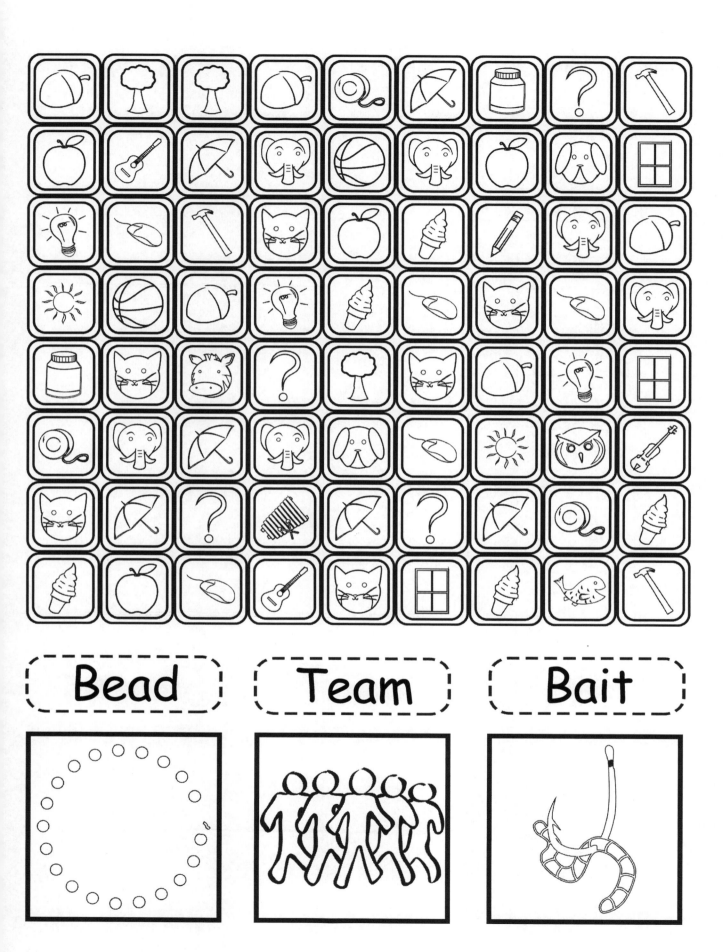

Bead

Team

Bait

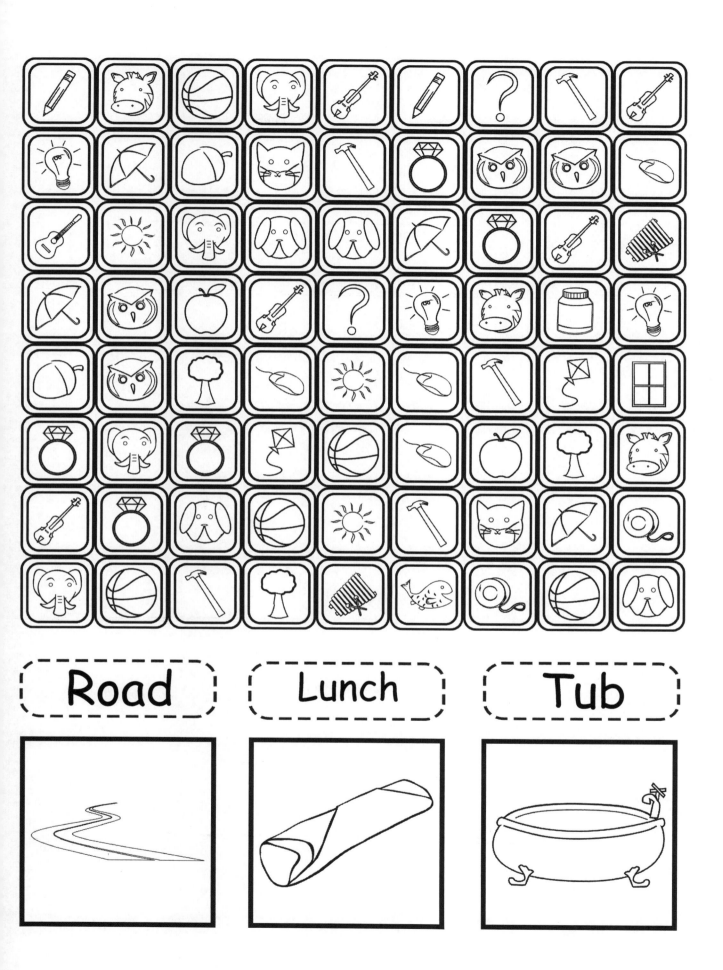

Road

Lunch

Tub

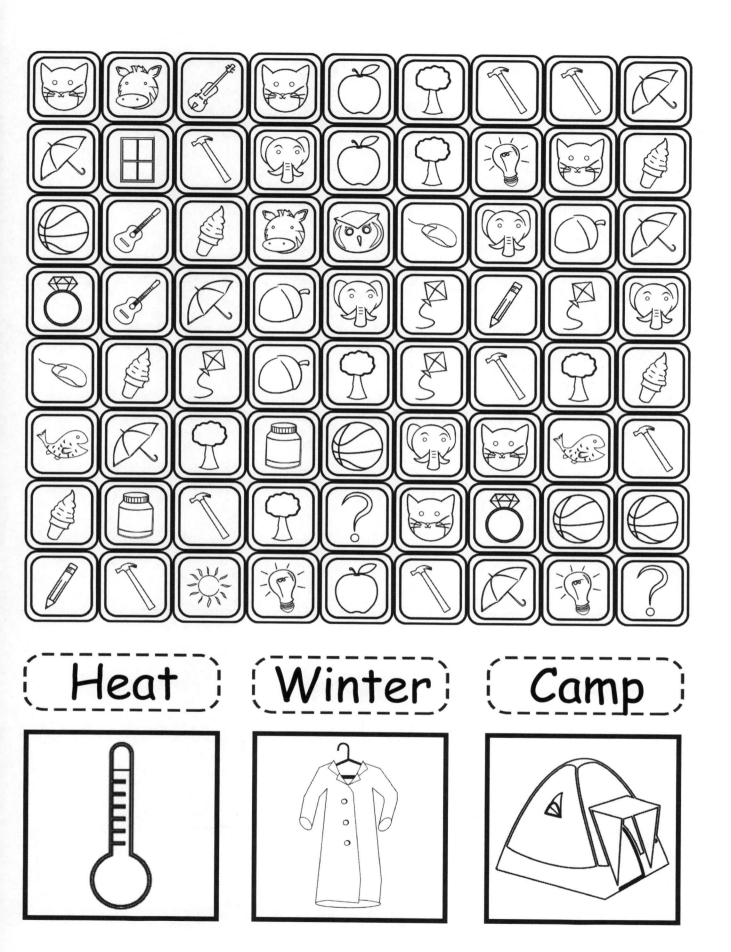

Heat   Winter   Camp

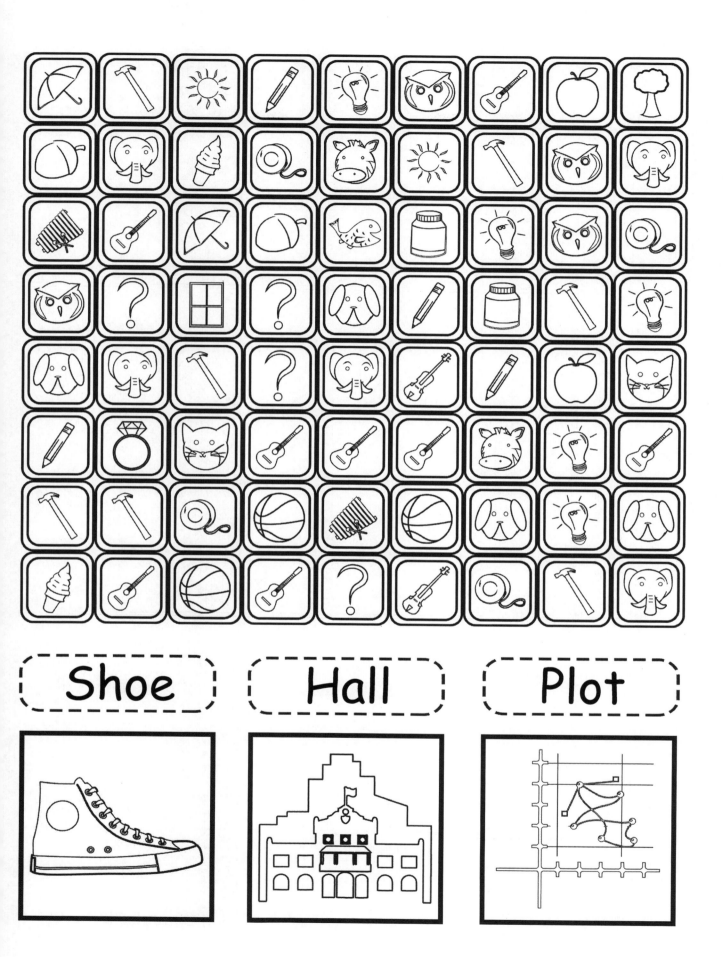

Shoe　　　Hall　　　Plot

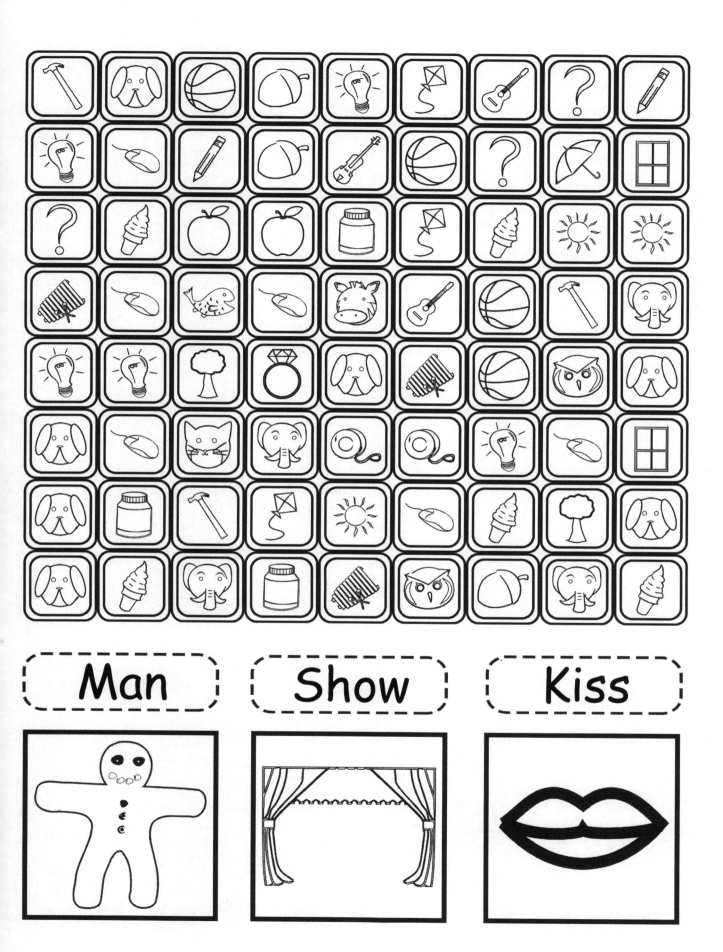

Man

Show

Kiss

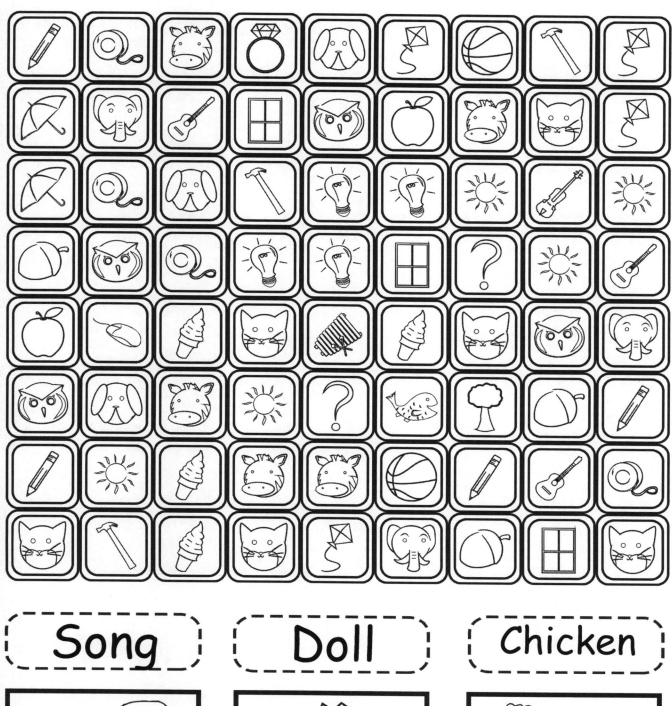

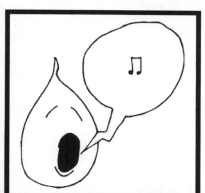

Song

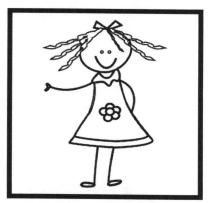

Doll

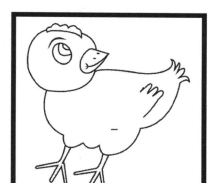

Chicken

Made in the USA
Las Vegas, NV
24 January 2022